Cozinhas profissionais

Dados Internacionais de Catalogação na Publicação (CIP)
(Simone M. P. Vieira – CRB 8ª/4771)

Monteiro, Renata Zambon
    Cozinhas profissionais / Renata Zambon Monteiro. 4ª ed. –
São Paulo: Editora Senac São Paulo, 2022.

    Bibliografia.
    ISBN 978-85-396-3204-6 (impresso/2022)
    e-ISBN 978-85-396-3205-3 (ePub/2022)
    e-ISBN 978-85-396-3206-0 (PDF/2022)

    1. Cozinhas profissionais : Arquitetura : Planejamento e
projeto   2. Cozinhas profissionais: Equipamentos   I. Título.

22-1460t   CDD-725.7
                                               BISAC - ARC011000
                                                    CKB000000

Índice para catálogo sistemático:

1. Cozinhas profissionais : Arquitetura :
    Planejamento e projeto   725.7

Cozinhas profissionais

RENATA ZAMBON MONTEIRO

4ª edição

Editora Senac São Paulo – São Paulo – 2022

ADMINISTRAÇÃO REGIONAL DO SENAC NO ESTADO DE SÃO PAULO
Presidente do Conselho Regional: Abram Szajman
Diretor do Departamento Regional: Luiz Francisco de A. Salgado
Superintendente Universitário e de Desenvolvimento: Luiz Carlos Dourado

EDITORA SENAC SÃO PAULO
Conselho Editorial: Luiz Francisco de A. Salgado
Luiz Carlos Dourado
Darcio Sayad Maia
Lucila Mara Sbrana Sciotti
Luís Américo Tousi Botelho

Gerente/Publisher: Luís Américo Tousi Botelho
Coordenação Editorial/Prospecção: Dolores Crisci Manzano e Ricardo Diana
Administrativo: grupoedsadministrativo@sp.senac.br
Comercial: comercial@editorasenacsp.com.br

Edição de Texto: Luiz Guasco
Preparação de Texto: Marilu Maranho Tassetto
Revisão de Texto: Globaltec Editora Ltda.
Projeto Gráfico e Editoração Eletrônica: Antonio Carlos De Angelis
Capa: Raul Rokicki
Impressão e Acabamento: Gráfica CS Eireli

Sumário

Nota do editor

Os serviços profissionais de alimentação estão disseminados em nosso cotidiano. Usufruímos, diariamente, de refeitórios em empresas, de restaurantes comerciais, de refeições a bordo de aeronaves e de pratos que nos são servidos por ocasião de internações hospitalares.

Este livro, além de descrever a origem desses serviços, estuda as demandas próprias de projetos de cozinhas profissionais, o que inclui legislação, equipamentos e instalações, serviços de alimentos e bebidas em hotéis.

Publicado pelo Senac São Paulo, *Cozinhas profissionais* constitui-se em um guia detalhado para estudantes e profissionais das áreas de arquitetura, hotelaria, hospitalidade e restaurantes, que nele poderão encontrar orientações precisas para planejar e operar cozinhas profissionais.

Monteiro, *Sem você nada aconteceria*
Sem você nada teria graça
Tudo eu faço com você
Tudo eu faço por você
Tudo eu faço para você

Agradecimentos

A minha família, pela dedicação e compreensão em todos os momentos em que estive ausente para a conclusão deste livro.

A todos os colegas da Editora Senac São Paulo e do Centro Universitário Senac, por acreditarem neste projeto de forma incondicional.

Às empresas Intellikit, Melting, Rational, São Rafael, Topema, Halton, InSinkErator e Cozil pela permissão para a utilização de fotos de seus produtos.

Introdução

A alimentação, por ser uma atividade vital ao ser humano, sempre foi um tema muito presente desde os primórdios da experiência humana, e os espaços para sua realização passaram por uma constante especialização ao longo dos milênios.

A forma social de se alimentar, seja em casa, em refeitórios industriais ou em restaurantes, envolve aspectos importantes que devem ser considerados numa análise histórica.

O estudo das diversas estruturas onde eram preparadas e servidas as refeições para uma coletividade e de como evoluíram ao longo dos tempos os projetos para essas áreas, principalmente após a Revolução Industrial e as duas grandes guerras mundiais, são alguns dos assuntos abordados neste livro. Especificamente no caso do Brasil, abordam-se as modificações que ocorreram com a abertura do mercado para a economia mundial.

Diferentemente do que se poderia imaginar, os serviços profissionais de alimentação não surgiram apenas com a Revolução Industrial, mas foram aperfeiçoados e mecanizados após esse período histórico.

Grandes banquetes aristocráticos eram organizados desde a Idade Antiga, contando com o apoio de um alto índice de organização espacial e profissional, devido ao grande número de pessoas a serem servidas simultaneamente. A metodologia de trabalho era muito eficiente, pois não se podia contar com o uso de alguns utensílios e equipamentos que só foram desenvolvidos nos períodos posteriores.

Com a Revolução Industrial, iniciada na Inglaterra a partir do século XVIII, a mecanização contribuiu para o aperfeiçoamento e o desenvolvimento dos processos de preparo e distribuição das refeições, levando posteriormente à automatização de muitas fases do trabalho.

A Revolução Russa de 1917, que derrubou os czares, colaborou para introduzir e ampliar os serviços de alimentação, oferecendo-os às grandes massas e promovendo, assim, a concorrência direta destes com a cozinha dos lares. Segundo Kopp (1990, p. 89), a residência deixa de ter na cozinha seu principal ponto focal.

Também os movimentos que estimularam a independência da mulher, especialmente após a Segunda Guerra Mundial (1939-1945), significaram um fator de destaque para o desenvolvimento dos serviços profissionais de alimentação. As refeições começaram a ser feitas fora de casa, pois o mercado passou a absorver a mão de obra feminina, antes reservada apenas aos trabalhos domésticos.

Assim, a vida expandiu-se para além da habitação. O tempo passou a ser relacionado à produção. Rapidez e facilidade tornaram-se as principais exigências do mundo contemporâneo, e os projetos para áreas destinadas à alimentação tiveram de se adequar à nova realidade.

A diversidade de condicionantes dessa mudança envolvia áreas, equipamentos, operações e diversos tipos de serviços de alimentação que evidenciaram a necessidade de um planejamento global e minucioso, como ocorre em uma complexa linha de produção industrial.

Ao longo deste livro, o leitor conhecerá os diversos tipos de projetos de alimentação, desde as indústrias, os hospitais, os hotéis, os restaurantes, até os *fast-foods*, seus condicionantes, programas de necessidades, legislações específicas, equipamentos, materiais compatíveis com a construção de espaços adequados e projetos complementares, objetivando facilitar o conhecimento dos principais conceitos e a avaliação das possibilidades de elaboração de projetos.

Este estudo oferece a possibilidade de atualização e de ampliação de horizontes para aqueles que desejem atuar nessa área, como arquitetos, engenheiros, nutricionistas, projetistas, chefes de cozinha, tecnólogos e bacharéis em gastronomia e em hotelaria, entre outros. Um dos objetivos desta obra é destacar os aspectos conceituais e metodológicos relacionados à concepção de projetos, que podem se apoiar nos estudos aqui traçados, pois a falta de informações pode levar à consideração de simples tarefas como extremamente complexas.

Além dos aspectos técnicos e humanos, destacam-se também os legais, relacionados às diversas áreas de projeto, pois a legislação brasileira atual estabelece critérios rígidos, baseados em regras internacionais.

O conhecimento de aspectos históricos, espaciais, legais, microbiológicos, nutricionais, psicológicos, logísticos e de novos equipamentos disponíveis no mercado proporcionará uma visão global para o entendimento do tipo específico de projeto que se pretende realizar, gerando ainda elementos que lhe garantam sustentabilidade ambiental.

Os conceitos de projeto, os avanços tecnológicos e a legislação cada vez mais rígida exigem a constante atualização dos profissionais, que igualmente devem se inteirar das inovações. Assim, outro objetivo deste trabalho é proporcionar informações baseadas em uma pesquisa solidamente elaborada, para tentar suprir parte das necessidades de uma área cuja bibliografia ainda é muito escassa, empírica, desatualizada e repleta de regras que não mais se aplicam na prática.

Conforme Silva (1998, p. 2),

> Planejar uma cozinha industrial é sistematizar o trabalho com o fim específico de evitar erros e perdas durante o processo de produção; é explorar os equipamentos em toda a sua potencialidade, visando assegurar melhor desempenho e produtividade; é procurar a racionalização da mão de obra, evitando-se perdas de tempo e ociosidade; é estabelecer melhor relacionamento do sistema homem-máquina--espaço. Portanto, o planejamento deve garantir eficiência, segurança e agilidade na realização das tarefas, buscando sempre atingir seu objetivo primordial, ou seja, assegurar a qualidade das refeições.

Por fim, é importante deixar claro que não se pretende criar um manual ou um guia prático de medidas teóricas, mas sim introduzir os interessados no assunto nas várias transformações que foram ocorrendo desde as primeiras formas de alimentação para as coletividades, na forma como se desenvolveram ao longo do tempo e estas nos mecanismos que interferem na qualidade dos serviços, em termos de fluxos, equipamentos, leis, tecnologia, entre outros, garantindo a boa qualidade dos projetos nesse campo.

Bom apetite!

O desenvolvimento
da cozinha profissional

As origens

> Um homem desprovido de fogo banhou-se numa água pútrida e
> deitou-se no chão como se estivesse morto. Os abutres negros,
> senhores do fogo, se abateram sobre ele para cozinhá-lo e
> comê-lo, mas o homem levantou-se de repente e espalhou as
> brasas. Seu aliado, o sapo, esperava esse momento para engolir
> uma brasa. Apanhado pelos pássaros, teve de devolvê-la.
> O homem e o sapo tentaram novamente e são bem-sucedidos.
> Desde então, os homens possuem o fogo.
>
> Claude Lévi-Strauss, relato sobre a origem do fogo, lenda da
> tribo indígena guarayu[1]

O homem pré-histórico, que dependia exclusivamente dos recursos que a natureza lhe propiciava para sobreviver, criou vários tipos de "armas" que diversificaram sua dieta alimentar. Esses instrumentos, como redes para pesca, arpões envenenados, arcos, flechas, armadilhas, lanças, etc., proporcionaram uma alimentação não mais constituída

---

[1] E. Nordenskiöld, *Indianer und Weisse in Nordostbolivien* (Stuttgart, 1922), *apud* Claude Lévi-Strauss, *O cru e o cozido* (São Paulo: Brasiliense, 1991), p. 142.

somente de vegetais obtidos pela coleta, mas também de animais, resultado da caça.

A refeição comunitária provavelmente teve início quando a espécie humana deixou de se alimentar somente de frutos e raízes, uma vez que a preparação e a partilha da carne exigiam a reunião do grupo ou da família, conforme Franco (2001, p. 21).

No período mesolítico, cerca de 5.000 a.C., o ser humano "juntava--se em clãs (*homo socialis*) e, em decorrência do raio e da chama dos vulcões, já conhecia o fogo, que adorava, mas não sabia produzir", conforme Ornellas (2003, p. 12).

Estima-se que há 500 mil anos o ser humano já teria desenvolvido técnicas para produzir o fogo, que inicialmente era usado apenas para cozer os alimentos, como indicam as ossadas carbonizadas que acompanham os vestígios de fogueira encontrados em escavações arqueológicas. Só bem mais tarde o fogo passou a ser empregado para outros fins. Segundo Flandrin e Montanari (1998, p. 30) pode-se afirmar que "a cozinha fez o homem e que tanto um quanto o outro têm 500 mil anos".

Com a descoberta do fogo, o fruto da caça e da pesca passou a ser assado diretamente nas chamas e nas brasas, preso em um espeto, deixando assim de ser comido cru. O fogo contribuiu também para o início das primeiras técnicas de conservação de comidas, pois o homem pré-histórico, ao descobrir que os alimentos se deterioravam na presença do ar e do calor, começou a defumar as carnes, aves e pescados por meio da exposição ao calor do fogo.

Durante o período neolítico (18.000 a.C. – 4.000 a.C.), os grupos humanos passaram de caçadores a criadores e de coletores a agricultores, o que viabilizou o processo de fixação à terra, possibilitando o surgimento das primeiras aldeias e a redução do nomadismo. Essas transformações desencadearam o crescimento demográfico, obrigando o ser humano a descobrir novas técnicas de produzir e conservar alimentos. Ele "secava os alimentos (naturais) excedentes ao vento e ao sol, depositava-os nas geleiras, em terras glaciais, ou pendurava-os nos fumeiros, nas cavernas", afirma Ornellas (2003, p. 14).

Sobre a origem do fogo, Lévi-Strauss (1991, p. 143) compara os mitos de duas tribos indígenas do Brasil, os jês e os tupi-guaranis:

> Verifica-se, assim, que os mitos jês de origem do fogo, assim como os mitos tupi-guaranis sobre o mesmo tema, operam por meio de uma dupla oposição: entre o cru e o cozido de um lado, entre fresco e podre do outro. O eixo que une o cru e o cozido é característico da cultura, o que une o fresco e o podre, da natureza, já que o cozimento realiza a transformação cultural do cru, assim como a putrefação é sua transformação natural.

Lévi-Strauss (*ibid.*, p. 163) posteriormente conclui que

> começamos, assim, a compreender o lugar realmente essencial que cabe à culinária na filosofia indígena: ela não marca apenas a passagem da natureza à cultura; por ela e através dela, a condição humana se define com todos os seus atributos, inclusive aqueles que – com a mortalidade – podem parecer os mais indiscutivelmente naturais.

Perlès (1998, pp. 44-45) destaca que o clima seco e frio do fim do período paleolítico facilitou a conservação da carne pela secagem, defumação ou congelamento em covas na terra, pois o subsolo era permanentemente gelado.

Essas covas eram cobertas por um teto sustentado por presas de mamute. Os alimentos estocados eram consumidos secos ou reidratados por meio de fervura em recipientes de madeira, de cascas ou de pele, onde se jogavam pedras aquecidas, ou então diretamente no fogo, acondicionados em estômago ou em pele de animais. Os grandes pedaços de carne eram assados diretamente no fogo.

A população caçadora cresceu, e com ela aumentou a escassez de alimentos. Grupos diversos em diferentes regiões buscaram formas de sobrevivência até chegarem à descoberta das sementes que germinavam, possibilitando as primeiras plantações, e da domesticação dos animais, para que as presas capturadas fossem mantidas vivas por mais tempo, a fim de garantirem o abastecimento prolongado de carne fresca. Iniciaram-se, então, os primeiros preceitos da culinária. O alimento passou a ser preparado com antecedência e não somente quando o caçador retornava com sua caça.

Uma das versões da origem das plantas cultivadas é uma lenda da tribo indígena krahô, relatada por Lévi-Strauss (1991, p. 165), que diz: "Estrela revela ao marido e cunhado o uso da babaca (palmeira que dá frutos comestíveis) [...] e lhes ensina a fazer um forno escavado na terra, cheio de pedras quentes que são molhadas com água para cozinhar as frutas no vapor".

Assim, durante a chamada Revolução Neolítica, o ser humano fixou-se definitivamente no solo e criou novos hábitos, distinguindo--se dos animais pela sua "comensalidade, ou seja, o hábito de fazer as refeições em comum, incluindo no seio do grupo uma divisão de trabalho mais efetiva, um ritmo de atividades comum a todos e, de modo geral, um nível mais complexo de organização do grupo", define Perlès (1998, p. 45).

Conforme Leal (2003, p. 18), em decorrência desse processo de descobertas e transformações culturais, o homem "instalou mobiliários para dormir, sentar, comer e guardar alimentos nas moradias fixas".

Produziu também "os utensílios de cerâmica para armazenar e conservar alimentos. [...] A alimentação humana ficou mais variada, pois as vasilhas possibilitavam ferver os líquidos e manter os sólidos em temperatura constante" (*ibid.*, p. 19).

O intercâmbio dessas experiências entre grupos vizinhos fez surgir o comércio, inicialmente com base na troca de produtos, e as primeiras aldeias, originando posteriormente as cidades.

A especialização no preparo, conservação e armazenamento dos alimentos possibilitou o surgimento do primeiro caldo substancial, alimentação primordial dos povos agricultores. O caldo era preparado em uma panela levada ao fogo e fervia por muito tempo. A caça era misturada aos produtos da colheita, como batatas e tubérculos, sendo essa refeição acompanhada por pão, trigo, milho ou farinha.

O forno de barro, feito com argila compactada, aparece também na Pré-História, revelando sabores inéditos dos alimentos, dando o ponto exato do assado e as primeiras combinações entre carnes, aves e peixes.

Nos banquetes, a partilha

Ele ensinava que os homens necessitados que se introduzem
até nossas mesas não devem ser postos para fora e tratados
sem consideração; ao contrário, devem receber uma porção de
comida e bebida.

Platão, referindo-se aos ensinamentos de Homero[2]

Mesopotâmia

Os povos da Mesopotâmia, como os sumérios, babilônicos e assírios, utilizavam o banquete como forma de agradar aos deuses e tomar importantes decisões; assim, todo acordo solene era concretizado com a realização de uma refeição em comum.

Sobre os assírios, escreve Ornellas (2003, p. 23):

Os assírios da classe pobre tinham vida muito rudimentar. A classe
média possuía fornos para cozer pão, e ao ar livre cozinhavam todos
os alimentos numa só vasilha. Os ricos possuíam móveis de madeira
perfumada ou decorada de marfim. Os convidados sentavam-se à mesa,
mas só o chefe de família ficava recostado. A mulher comia à parte,
e os eunucos serviam.

O maior banquete realizado pelos assírios de que se tem conhecimento foi o oferecido pelo rei Assurbanipal II (883-859 a.C.) após a conclusão do palácio de Kalhu. Foram convidadas 69.574 pessoas para uma festa com duração de dez dias. Consumiram-se mil bois gordos, 14 mil carneiros, mil cordeiros, centenas de cervídeos, 20 mil pombos, 10 mil peixes, 10 mil gerbos, 10 mil ovos e milhares de jarras de cerveja e vinho, além de cestas de pães, frutas e condimentos, conforme Joannès (*apud* Ornellas, 2003, pp. 62-63). O autor ainda estabelece que "o que funda a refeição ou o banquete é esta comensalidade entre os participantes, que remete a uma das expressões de solidariedade básica do grupo familiar ou da comunidade" (Joannès: 1998, p. 57).

---

[2] Platão, *O banquete, ou do amor* (Rio de Janeiro: Difel, 2002).

Sobre as proporções desses banquetes, Joannès afirma:

> Quando os comensais são muito numerosos – é o caso do rei que quer honrar um contingente militar aliado –, o espaço interior do palácio é insuficiente. Um relatório de um general do rei de Mari na Babilônia mostra que os comensais são, então, recebidos nos "jardins do palácio" e a refeição é acompanhada de uma parada militar, que eles oferecem ao hospedeiro. (*Ibid.*, p. 61)

Mas não eram só os banquetes e demais atividades dirigidos aos nobres e aliados militares que se destacavam nas civilizações antigas. Em cada povoado mesopotâmico, desde pelo menos o segundo milênio, existia a "taberna", frequentada pelos viajantes e habitantes locais, onde eles podiam beber e comer.

Conforme Joannès (*ibidem*), a função social desse estabelecimento era reintegrar simbolicamente o homem à sociedade. Após ser submetido às cerimônias de exorcismo para libertação das impurezas físicas e morais, o indivíduo purificava-se na taberna por meio do contato com outros clientes antes de voltar para casa. A taberna possuía também algumas camas, caso no fim da refeição o cliente quisesse descansar em companhia feminina.

Egito

Paralelamente ao desenvolvimento da Mesopotâmia, o Egito construiu o mais poderoso império da Antiguidade. Ornellas (2003, p. 17) descreve como era o ritual das refeições durante o Império:

> Serviam os alimentos em cestos, colocando-os depois em pratos individuais, donde eram comidos com pequenos espetos metálicos e colheres. Lavavam as mãos em água perfumada, antes de comer cada serviço. Bebiam em copos de bronze e, depois, limpavam os lábios com um guardanapo. [...] As casas tinham banheiro e lavatório.

Conforme Bresciani (1998, p. 76), "há representações de cozinhas egípcias de todas as épocas: Alto Império (tumba de Ti, em Saqqarah),

Médio Império (maquetes da tumba de Meketra da décima primeira dinastia) e Novo Império (tumba de Ramsés III)".

Sobre as casas, Bresciani (*Ibid.*, pp. 76-77) escreve:

> Todas as casas, mesmo as mais modestas, possuíam em seu pátio interno um forno simples em terracota, quase sempre cilíndrico, em geral sobre escalfadores baixos, instalados nos fundos da casa sob esteiras, ou algumas vezes, como em certas habitações de El-Amarna, nas varandas. Nas construções mais espaçosas, havia, às vezes, um cômodo destinado à cozinha, como na chamada casa de "três fornos", da época de Tutmósis IV [...] Ela possuía um *canûn*, três fornos para apoiar panelas e um lugar para a ânfora de água – um orifício escavado no solo de pedra, com um canal de escoamento. Os vasos de cerâmica colocados no solo, com o gargalo muito próximo da terra, permitiam conservar legumes, cereais, especiarias e condimentos.

Para cozinhar, os egípcios utilizavam panelas e frigideiras de cerâmica e metal, inicialmente feitas de cobre e, posteriormente, de bronze. Facas, colheres, conchas, etc. eram de cobre, bronze, madeira e até mesmo de pedra. Para os faraós, os utensílios de mesa eram de ouro e prata, mas para os cortesãos eram de madeira, metal ou fibras vegetais trançadas.

Segundo Bresciani (*ibid.*, pp. 77-78), nos palácios, templos e casas mais elegantes, a estrutura organizacional da cozinha, das despensas e dos depósitos era hierarquizada e complexa, reunindo padeiros, pasteleiros – como na época eram chamados os confeiteiros atuais –, cervejeiros, açougueiros e o ocupante de um cargo denominado "diretor da casa da gordura de boi".

Hebreus, persas e outros povos antigos

Após o contato com os egípcios, devido à extensão e ao poderio de seu império, os hebreus aprenderam a usar utensílios de barro e de bronze, passando a empregar os garfos e as colheres de madeira somente para servir a carne.

Ornellas (2003, p. 28) afirma que "as refeições, comidas em comum, ao redor de uma mesa, eram precedidas de prece. Sob o domínio dos persas, porém [os hebreus] adquiriram hábitos de luxo e ociosidade, perfumavam-se e tomavam as refeições sobre leitos suntuosos".

Na Pérsia, atual Irã, por volta do século V a.C., os utensílios da sala de jantar e da cozinha eram feitos de metais preciosos. Ornellas (*ibid.*, p. 25) relata que

> a sala era decorada de mármore, pórfiro e alabastro; as colunas de mármore tinham círculos de prata. Os reis comiam sós e recostados, servidos por eunucos. Os convivas ficavam em salas vizinhas, separadas por um reposteiro rendado, que ao rei permitia vê-los sem ser visto. No reinado de Dario havia 277 cozinheiros, sendo 89 para o preparo de bebidas; além dos eunucos, havia perfumadores e 329 cortesãos músicos e dançarinos para o serviço das refeições.

Já a respeito da forma de preparo dos alimentos dos fenícios não há informações muito precisas. Segundo Giammellaro (1998, p. 105):

> A preparação dos alimentos – da qual se encarregava a mulher ou os empregados e, em alguns casos, cozinheiros profissionais – ocorria em cômodos especialmente destinados e específicos, em geral muito pequenos e situados atrás das despensas; cozinhava-se também em pequenos fogões rústicos ao ar livre, protegidos do vento por muretas de pedra, ou ainda em verdadeiros fornos de terracota.

Estudos recentes sobre o mobiliário fenício distinguem quatro tipos de mesas, que apresentam influência dos móveis egípcios e sírios. Eram móveis mais baixos e menores do que os atuais e tinham ao mesmo tempo função prática e decorativa, dependendo da ocasião, segundo Giammellaro (*ibid.*, p. 106). Em razão dos diferentes tipos de cozimento, existiam diversos utensílios para cocção, todos de cerâmica, como travessas para forno, pequenas frigideiras com bordas baixas e caldeirões.

Os utensílios de mesa, também de cerâmica, foram relativamente fiéis aos modelos orientais, mas a partir do século VI a.C. começaram a receber influência da cerâmica grega.

Em Cartago, atual Tunísia, diferentemente da Fenícia, conhecem-se mais detalhes da arquitetura doméstica das cidades. Conforme Giammellaro (*ibidem*), "as moradias tinham, em geral, vários andares, e os cômodos eram distribuídos de forma regular em torno de um pátio central. Podemos supor que o maior desses cômodos servisse de sala de jantar, onde se reuniam os habitantes da casa".

O mobiliário da sala de jantar era mínimo, e os comensais se reuniam em volta de uma esteira.

Mundo greco-romano

No mundo greco-romano, a comensalidade era o que distinguia o cidadão romano dos bárbaros e das feras. Conforme Montanaro,

> o homem civilizado não come somente (e menos) por fome, para satisfazer uma atividade elementar do corpo, mas também (e, sobretudo) para transformar essa ocasião em um momento de sociabilidade, em um ato carregado de forte conteúdo social e de grande poder de comunicação: "Nós não nos sentamos à mesa para comer" – lemos em Plutarco –, "mas para comer junto".

Assim, o banquete tornou-se uma importante identidade do núcleo familiar, e de toda a população da Antiguidade, que se unia em torno de uma mesa comum, quer fosse pela presença física, quer simbólica, dos seus membros. No processo de formação das civilizações, a mesa passou a funcionar como um elemento agregador ou desagregador. No passado mítico, os homens sentavam-se à mesma mesa com os deuses e comiam os mesmos alimentos; o pecado separou as mesas e as comidas.

Não obstante a simbologia mítico-religiosa, o banquete instaura-se também como forma de distinção social, pois se constatam diferentes graus de importância entre os convivas, representados pelo lugar que ocupavam na mesa e o tipo de alimento que se oferecia a cada pessoa no decorrer da refeição.

Inicialmente, na Grécia Antiga não havia cozinheiros. Os anfitriões, quando recebiam convidados especiais, por mais ricos que fossem, preparavam eles próprios as refeições, com a ajuda de amigos. Posteriormente, apareceu o mageiro – "cozinheiro", "carniceiro" –, que era o encarregado geral da cozinha, o qual, com o tempo, transformou-se em *archimageiro*, ou chefe de cozinha, pois, além de fornear, também cozinhava e tinha uma equipe sob seu comando (Franco, 2001, p. 37).

O crescimento da classe aristocrática entre os gregos associou a arte de comer à arte de receber, gerando um aprimoramento na cozinha. A comida era preparada por escravos.

Provavelmente, o banquete mais requintado da época helenística foi oferecido por Caranos, nascido na Macedônia. Athanaeus descreveu detalhadamente a festa, revelando a sensibilidade dos gregos em relação aos prazeres da mesa.

Na Grécia, a forma de alimentação feita nas pólis (primeiras cidades gregas) era bastante diferente da praticada no campo. Sobre isso Amouretti (1998, pp.145-146) comenta:

> Heródoto revela isso quando descreve Pausânias, o vencedor dos persas em Plateias, em 479 a.C.: "Quando Pausânias viu o mobiliário de Mardônio, objetos de ouro e prata, tapeçarias onde se mesclam várias cores, ordenou aos padeiros e cozinheiros que preparassem uma refeição como preparavam para ele; eles fizeram o que lhes pediu; Pausânias, então, diante de camas douradas e prateadas cobertas de almofadas, de mesas ornadas de ouro e de prata e dos suntuosos preparativos para a refeição, ficou estupefato com o luxo que se oferecia a seus olhos: para fazer rir, ordenou a seus servidores pessoais que preparassem uma refeição à moda espartana e, com isso feito, a diferença era grande; rindo muito, mandou chamar os generais dos gregos e, quando foram reunidos, ele disse, mostrando-lhes a preparação das duas refeições: "Homens da Grécia, eis por que vos convoquei: eu vos quis mostrar o desatino dos comandantes dos medas que, tendo meios para viver como vós vedes, vieram nos atacar, para nos roubar aquilo com que vivemos tão pobremente".

No Olimpo, o banquete era o passatempo preferido dos deuses, o símbolo de sua felicidade despreocupada. Entre os seres humanos, o banquete era condição dos mortais, que trabalhavam a terra e comiam alimentos reais, o que significava um modo de entrar em comunicação com o mundo dos deuses. No tempo das pólis, homens e deuses estavam bem separados, e o banquete sacrificial era uma prova desse fato.

A prática das refeições marcou o início das relações comunitárias do povo grego, coincidindo com a constituição da identidade política – e, desse ponto de vista, os gregos diferenciaram-se dos seus ancestrais e dos povos não gregos.

Existiam vários usos do banquete, que variavam conforme as pólis, relata Pantel (1998, p. 162):

> Algumas características das refeições permanentes: elas são organizadas após o sacrifício cruento e divididas em duas partes; aquela em que se come e, em seguida, aquela em que se bebe (o *symposion*); as pessoas fazem a refeição estendidas em divãs diante dos quais são postas mesas removíveis; [...] a louça reduz-se a alguns pratos e come-se com as mãos; [...] na casa, a peça destinada à refeição é chamada de *andron*, ou seja, a sala dos homens, termo que indica o acesso reservado exclusivamente a estes. Acontece, também, de existirem espaços destinados às refeições, salas de banquete, nos santuários ou em outros lugares da pólis, mas o banquete pode ser improvisado e acontecer em qualquer lugar, desde que este seja suficientemente amplo para acolher os convivas. Assim, alguns banquetes têm lugar em praças públicas ou em ginásios.

Nas pólis gregas organizavam-se banquetes que reuniam toda a comunidade cívica em grandes eventos públicos, atribuindo-se à refeição uma importância quase institucional.

A refeição comum também era um lugar de educação nas pólis, pois nesses momentos os mais jovens ouviam os relatos das experiências dos mais velhos; em suma, a comensalidade passava a integrar a estrutura de identidade do cidadão.

Em Atenas, na época clássica, os cinquenta magistrados que representavam a pólis, exercendo esse cargo durante um décimo do ano, comiam juntos todos os dias no edifício redondo do templo que ficava próximo da ágora e recebiam uma quantia destinada a custear exclusivamente sua alimentação.

A pólis organizava grandes banquetes nas festas cívicas, ficando os cidadãos mais ricos responsáveis pelos gastos. Uma dessas festas foi realizada em Atenas, no Pompeion, um edifício que reunia várias salas de banquete. Apesar de não ser suficientemente grande para acolher toda a população cívica, a edificação conseguiu abrigar uma parte dos magistrados e dos notáveis. O Pompeion possuía uma grande área não construída onde eram erguidas tendas para a acomodação da população. Ressalte-se que todas as atividades do mundo grego, políticas, sociais e culturais, eram reservadas aos homens; assim, as mulheres e os escravos eram mantidos à parte dessas refeições públicas.

Entre a época das pólis arcaicas e o período das pólis clássicas, os costumes se modificaram. Nas primeiras, o banquete constituía espaços políticos, ao passo que nas segundas ele foi perdendo progressivamente essa função para outras instituições, como as assembleias, as magistraturas e os tribunais, que eram mais capazes de expressar a igualdade, segundo Pantel (*ibidem*).

Vivendo na Península Itálica e organizados em doze cidades do Lácio e da Campânia, os etruscos contribuíram para a formação de Roma, mas o precário conhecimento que se tem sobre seu alfabeto limita muito as informações sobre esse povo. Porém, graças às escavações arqueológicas, foi possível conhecer muitos dos utensílios que usavam na preparação e no cozimento dos alimentos que consumiam. Descobriram-se, conforme Sassatelli (1998, p. 186), "fornos, espetos, grelhas, vários tipos de recipientes e de caçarolas, passadores de queijo, passadores e filtros para vinho, facas para carne, almofarizes e pilões".

Ainda segundo esse autor (*ibid.*, p. 196), em Orvieto encontrou-se, na tumba de Golini I, membro de importante família da aristocracia rural do fim da civilização etrusca – cerca da primeira metade do século IV a.C. –, a mais completa representação vista até hoje de um banquete e das diferentes fases de sua preparação. A câmara mortuária estava dividida em duas partes. Na primeira era representado o banquete do qual participavam, além da família, divindades do inferno; na segunda, as diferentes etapas da organização do banquete.

Os romanos, ao conquistar a Sicília, aprenderam muito com os cozinheiros descendentes de gregos, que eram considerados os melhores da região. Criaram uma cozinha melhor, mais variada e refinada, mantendo a hospitalidade grega.

Em 148 a.C., ao incorporar a Grécia aos seus domínios, Roma efetuou também uma fabulosa conquista gastronômica.

Os romanos conheciam dois tipos de refeições opostas, a *cena* e o *prandium*. A *cena* era realizada em local coberto, para um grupo social definido e pequeno de, no máximo, dez pessoas. Quando assumia grandes dimensões, a *cena* era chamada *convivium* e, se fosse um banquete ritual, chamava-se *epulum*. O *prandium* era uma refeição mais simples, na qual o romano apenas comia o alimento necessário para suas necessidades. O *prandium* alimenta, a *cena* regala, escreve Dupont (1998, p. 211).

Sobre os jantares romanos, Leal (2003, p. 24) afirma o seguinte:

> Os seus jantares, por exemplo, eram geralmente divididos em duas partes. A primeira era dedicada à refeição propriamente dita, sendo feita em mesas retangulares e baixas, onde os convivas comiam reclinados e em silêncio. Tudo o que havia era colocado ao mesmo tempo sobre a mesa, para que cada um escolhesse o que quisesse. Os criados estavam ali não para servir à mesa, mas para passar os pratos. E foi essa falta de seriação e sucessão nos serviços que deu origem à frase "O jantar está na mesa", ainda em uso nos dias de hoje. Terminada a refeição, as mesas eram trocadas por outras menores e redondas, e começava a segunda parte do jantar, a que os gregos chamavam de simpósio e os romanos de *comessatio*.

Os banquetes no Império Romano eram tão exagerados e demorados que havia intervalos para os convidados fazerem massagens e tomar banhos. Existia também um recinto denominado vomitório, para que os convidados pudessem continuar se alimentando mesmo quando já estivessem fartos de comida, pois dessa forma podiam provar de todas as iguarias postas na mesa.

Walker (2002, p. 5) relata que:

> Contíguas aos banhos, os romanos construíram suntuosas salas de
> jantar, concebidas especialmente para organizações de grandes festas
> e banquetes. Os banquetes, tanto os públicos quanto os privados,
> vieram a se tornar tão elaborados e dispendiosos, que foram criadas
> leis para restringir o montante do que os romanos gastavam com
> comida e bebida.

A casa romana possuía um importante recinto denominado triclínio, que era uma sala de refeições para acomodar até nove pessoas, possuindo também três leitos dispostos em torno de uma mesa. O local recebia um cuidado especial em sua decoração, pois, em caso de necessidade, devia ser rapidamente transformado em dormitório depois da refeição principal. Assim, os móveis sempre deveriam apresentar o caráter de mobilidade.

As espaçosas *domus*, propriedades das classes abastadas, descobertas em Pompeia e Herculano, possuíam um cômodo específico para a cozinha, apesar de pequeno. Geralmente, o forno de pão era instalado em um pátio. Não havia fogão, nem forno, nem instalações fixas, e quando estes existiam, dividiam o espaço com as latrinas. Os pratos eram preparados em braseiros móveis, instalados perto das janelas. O uso frequente do *clibanus* permitia substituir a falta do forno, conforme Corbier (1998, p. 230).

Os utensílios romanos eram feitos de argila e bem mais simples do que os utilizados pelos gregos. Os objetos em prata quase inexistiam até as conquistas do século II. As classes populares não possuíam em casa equipamentos culinários, nem criados para a confecção das refeições mais elaboradas.

A sociedade romana instituiu formas de alimentação estatutária, determinando que os alimentos seriam distribuídos conforme a classe social. Os camponeses, a plebe das cidades e os soldados em campanha tinham uma dieta baseada em alimentos crus ou frios.

Em razão do desenvolvimento do comércio, surgiram nos impérios grego e romano as estalagens e as tabernas, que serviam para o viajante passar a noite e se alimentar, durante as árduas viagens.

Segundo Walker (2002, p. 5), "nas regiões urbanas, pousadas e tabernas de clientelas menos abastadas eram gerenciadas por homens livres ou gladiadores aposentados que investiam suas economias no ramo de restaurantes".

Ainda de acordo com Walker (*ibidem*), "o primeiro 'almoço executivo' foi ideia de um certo Sequius Locates, estalajadeiro romano que, no ano 40 a.C., concebeu essa ideia para os agentes aduaneiros, ocupados demais com seus afazeres para irem em casa almoçar".

Nas cozinhas, o lar dos mosteiros e castelos

> Das tradições do deserto, os árabes só não puderam trazer o prato servido em bodas de beduínos, principalmente pelo seu volume, pois constava de um camelo inteiro, recheado com um carneiro, por sua vez recheado com várias galinhas, cada qual recheada de peixes recheados de ovos.
>
> Lieselotte Hoeschl Ornellas[3]

Com a invasão do Império Romano do Ocidente, no século V d.C., as cidades entraram em declínio, restando poucas bem estruturadas, passando a vida no campo a ser mais importante. A própria paisagem da cidade tornou-se rural, uma vez que os campos, os pomares, os prados penetraram nas áreas que anteriormente eram exclusivas das cidades.

O período compreendido entre a queda do Império Romano, no século V, e o século XIV, é conhecido como Idade Média.

Alguns profissionais da alimentação conseguiram adaptar-se bem à retração das atividades urbanas antigas e à nova cidade medieval. O taberneiro, também chamado de vendeiro ou albergueiro, continuou seu comércio de vinhos, cerveja e hidromel e incluiu entre seus produtos o pão, o queijo e pratos de seu próprio preparo.

Posteriormente, nos séculos XI e XII, as tabernas reapareceram próximas das aglomerações formadas por pontos de passagem, em

---

[3] Lieselotte Hoeschl Ornellas, *A alimentação através dos tempos* (Florianópolis: UFSC, 2003), p. 93.

locais fortificados, praças, mercados e portos, onde eram desembarcadas mercadorias, além de escolas, colégios e monastérios.

Na cidade, as casas mais ricas possuíam seu próprio forno, mas os citadinos em geral recorriam aos forneiros para assar o pão amassado em casa. Os padeiros amassavam e moldavam a massa para vender, mas rapidamente essas atividades mesclaram-se a diversos interesses, e os padeiros passaram a construir seus próprios fornos, cobrando pela sua utilização. Apesar disso, os fornos públicos não desapareceram, persistindo, até os dias atuais, em muitas cidades da Europa.

A sociedade medieval era constituída por três estratos distintos: o clero, a nobreza e os servos, sendo a mobilidade social praticamente nula. Nesse cenário, destacam-se os senhores feudais, em geral guerreiros que lideravam exércitos particulares e que recebiam grandes doações de terras dos reis para defendê-los em disputas territoriais e políticas.

Essa nobreza, constituída por cavaleiros, senhores feudais e reis, temendo a excomunhão e a condenação ao inferno, fazia muitas doações de terras para a Igreja Católica, que se tornou poderosa, rica e influente.

As doações *post obitum* (depois do óbito), as esmolas dos mais diversos níveis sociais, o dízimo, suas próprias igrejas e uma boa gestão do patrimônio, a partir do final do século XI, determinou um crescimento econômico na instituição, que modificou o funcionamento das abadias, aumentando muito sua renda e fazendo prosperar financeiramente os monastérios.

Os monges herdaram os conhecimentos da cozinha romana e foram responsáveis, na Idade Média, pela simplificação na preparação dos alimentos e pelo enriquecimento da qualidade dos produtos, tornando a vida monástica sinônimo de boa comida, luxo e fartura.

O exemplo mais evidente é o da abadia de Cluny, onde, até o ano 1000, o regime alimentar era considerado repleto de excessos, demasiadamente refinado e mais adequado aos senhores do que aos monges.

Riera-Melis (1998, p. 400) assim descreve os hábitos nos mosteiros:

> A preparação de cardápios variados para uma comunidade numerosa
> e exigente só é possível nos monastérios dotados de instalações e

equipamentos adequados. Cluny conta com duas cozinhas: a regular, onde os monges preparam as sopas e os guisados de legumes cotidianos, e a normal, onde os domésticos, sob as ordens dos religiosos, preparam os outros pratos servidos no refeitório conventual e os destinados à sala de jantar dos domésticos e à dos convidados. Quatro monges são escalados para turnos semanais, garantem o funcionamento da cozinha regular, e sua tarefa é tão importante que não pode ser interrompida nem mesmo pela oração. Optando por refeições coletivas, as comunidades monásticas são obrigadas a criar um lugar específico, o refeitório, e a submeter seu funcionamento a um ritual quase litúrgico. [...] O refeitório, diferentemente da sala de jantar real ou nobre, é um lugar de recolhimento onde os monges só se comunicam por meio de um código rígido.

Os mosteiros medievais, pertencentes aos beneditinos, franciscanos e cistercienses, foram centros importantes de cultura e, conforme Leal (2003, p. 29), chegaram "a quase 2000 no século XII, somente na Europa".

Sobre os mosteiros cistercienses Riera-Melis (1998, p. 403) ainda relata:

[...] dispõem de duas cozinhas com água corrente, a conventual e a dos convidados, de dois grandes refeitórios, o dos religiosos e a dos conversos, assim como de uma sala de jantar para os visitantes. A cozinha conventual é reservada aos religiosos; em turnos semanais, os monges, em grupos de dois, cuidam da preparação das refeições de toda a comunidade. O regime alimentar tem um papel muito importante na vida monástica para ser confiado aos conversos. Apesar da rejeição ao formalismo, o funcionamento dos dois refeitórios obedece a uma rígida disciplina.

Os mosteiros, construídos como verdadeiras cidades, possuíam espaços para atividades específicas, devendo cada função ser realizada exclusivamente no lugar que lhe era apropriado. Ao lado do parlatório, do dormitório e da sala dos copistas, estava o refeitório, reservado às refeições em comum dos monges, esclarece Romagnoli (1998, p. 497).

Os mosteiros medievais eram também utilizados como armazéns de alimentos para a população das redondezas e ofereciam hospedagem aos viajantes, com alimentação sempre farta.

Segundo Walker (2002, p. 6), os mosteiros estruturavam-se do seguinte modo:

> As acomodações dos mosteiros eram modestas, mas, com frequência, superiores a quaisquer outras existentes ao longo das estradas. Os monges geralmente tiravam suas provisões do próprio solo; suas cozinhas eram mais higiênicas, melhor organizadas e menos caóticas do que as cozinhas das residências privadas. Os religiosos divisaram até mesmo um rústico sistema de avaliação dos custos alimentares. Como resultado, os peregrinos e vagabundos frequentemente passavam melhor do que a nobreza.

Conforme Althoff (1998, p. 300), "durante a maior parte da Idade Média, a refeição e o banquete (*convivium*) constituíam o mais eloquente símbolo de que se dispunha para expressar o compromisso de manter relações baseadas na paz e na concórdia".

A refeição era reconhecida e utilizada como um sinal de criação ou de reconhecimento de uma ligação social, e os banquetes funcionavam como rituais de confiança em vários acontecimentos importantes da sociedade, além de homenagearem pessoas importantes das comunidades ou cidades.

Grieco (1998, p. 471) relata a importância do banquete como forma de hierarquização social, tomando como exemplo as refeições oferecidas a dois príncipes bávaros que foram a Florença, com sua comitiva, em 1592:

> A esse grupo de dignitários de passagem e aos membros de seu séquito foram servidos pratos distintos, atendendo a necessidade de respeitar os diversos níveis sociais existentes. Serviu-se a cada um dos príncipes um prato de cinco aves diferentes [...]. Na "segunda mesa" (reservada aos nobres que acompanhavam os príncipes) cada um não comeu mais que quatro aves diferentes. O escanção e outros "domésticos" de alto nível regalaram-se também com quatro tipos de aves diferentes, mas

tiveram que comer numa sala que não a do banquete. Em seguida vieram os domésticos de nível inferior (30 ao todo), que tiveram que partilhar cinco pratos contendo cada um uma ave. Esses domésticos tinham sido instalados no *tinello* (espécie de antecâmara reservada para esse fim). [...] Os últimos a figurarem na lista, depois dos animais, foram os servidores de categoria mais baixa (cento e quarenta no total), alojados em duas hospedarias da cidade. Portanto a hierarquia não se exprimia apenas pela variedade de pratos servidos, mas também pelo lugar em que as pessoas comiam (provavelmente a distância em relação ao senhor servia de medida).

Os senhores feudais e os soberanos utilizavam os banquetes para unirem-se aos vassalos, afirmando assim sua dominação.

Conforme Walker (2002, p. 7), as casas da realeza e da nobreza frequentemente atendiam a centenas de convidados em cada refeição. Embora o jantar *à la carte* não fosse conhecido nessa época, fato que ocorreria apenas no século XIX, nessas casas se praticava o que poderia ser definido como discriminação alimentar, ou seja, eram servidas diferentes refeições para pessoas de vários níveis sociais e hierárquicos, cabendo aos nobres a parte melhor. Eram servidos, em média, dez diferentes tipos de desjejum numa única refeição matinal.

Walker (*ibidem*) descreve também as condições higiênicas das cozinhas da época:

As condições sanitárias das cozinhas da época eram aterradoras, com os suprimentos esparramados pelo chão, refrigeração nenhuma, crianças e cachorros brincando livremente por entre as provisões, sobre as quais inúmeros ajudantes de cozinha acabavam de pisar. Para piorar a situação, com frequência, as próprias pessoas que manuseavam a comida cultivavam hábitos de higiene no mínimo questionáveis, de maneira que as doenças contagiosas se espalhavam indiferentemente entre ricos e pobres.

Nos banquetes da Idade Média, os nobres e suas famílias comiam muito e vorazmente. Cortavam a carne com o próprio punhal e comiam com as mãos. Apesar de já haver facas e colheres, o garfo só apareceu posteriormente e era usado apenas para fixar o alimento e não para levá-lo à boca. O garfo só foi difundido após o século XVI na cidade de Veneza, e seu uso passou a ser mais frequente somente a partir de 1750. Do outro lado do mundo, na China, já era habitual a utilização dos *hashi* (pauzinhos que se articulam entre os dedos para pinçar os alimentos). Seu uso era considerado um sinônimo de boa educação, em contraste ao comer com os dedos, praticado por quase mil anos.[4]

Os pratos ainda não eram utilizados. Até o século XV, eram usadas grossas fatias de pão envelhecido para apoio dos alimentos, que posteriormente foram substituídos por pranchas de madeira. Para os alimentos líquidos havia uma escudela, tigela de madeira pouco funda, para cada dois ou mais comensais.

Apesar de os anfitriões da Idade Média ignorarem noções de higiene e de boas maneiras à mesa, estabeleceram suas próprias regras para os jantares sociais; algumas estariam adequadas até nossos tempos. Walker (2002, p. 7) cita algumas delas:

- As refeições deviam ser servidas no tempo certo: nem muito cedo, nem muito tarde.
- As refeições deviam ser servidas num lugar apropriado: amplo, agradável e seguro.
- O anfitrião devia estar sempre animado e bem-disposto.
- Os cardápios deviam oferecer diversas opções aos convidados, de maneira que aquele que não gostasse de um determinado prato tivesse outro à disposição.
- Devia haver abundância de vinhos e bebidas.
- Os criados deviam ser honestos e corteses.
- Devia haver companheirismo e empatia entre os comensais.

---

[4] As preparações na China eram feitas com alimentos cortados em pequenos pedaços, o que leva à diminuição do tempo de cozimento, decorrência da escassez de lenha. O tempo de preparação dos alimentos demanda um intervalo muito maior do que a sua cocção. Com a necessidade bélica de se desenvolverem técnicas para a obtenção do metal laminado, surge a panela *wok*, muito difundida na culinária chinesa, que possui fundo abaulado, permitindo o cozimento rápido em altas temperaturas de óleo. O forno não era usado com frequência, e a técnica do cozimento a vapor pela superposição dos pratos funcionava como multiplicador de energia e poderia ser considerada a precursora dos modernos fornos combinados a vapor.

- Devia haver instrumentos musicais e alegres canções.
- Os ambientes deviam ser bem iluminados.
- A excelência de tudo o que fosse posto na bandeja devia ser garantida.
- Os homens deviam comer com calma e não apressadamente.
- Sem descanso nem afronta, cada um devia fazer uma prece ao jantar.
- Todo comensal devia descansar depois do banquete.

As refeições das famílias reais e da alta nobreza ocidental eram preparadas nas cozinhas dos palácios e dos castelos por serviçais especializados, sendo o fogão a principal peça da cozinha. O forno, indispensável assim como a masseira para o fabrico do pão, tinha uso secundário na preparação dos alimentos.

Somente no século XIII é que o forno, que tinha sido tão importante na Antiguidade, voltou a ser usado, proporcionando cocção mais lenta por meio do controle do calor.

As cozinhas medievais mais antigas possuíam um fogão situado sob o centro da abóbada do teto. Os mosteiros inovaram e mudaram o fogão do centro da cozinha para uma parede lateral. A preocupação em delimitar claramente a zona onde se fazia o fogo, às vezes, acarretava instalações mais elaboradas. Cavados no solo ou ligeiramente levantados, os locais reservados ao fogo podiam ser delimitados por pedras, tijolos, peças de argila ou arranjados sobre bicos de pedra em posição oblíqua. Nas aldeias camponesas, os fogões maiores não ultrapassavam 60 cm de altura, sendo quase sempre encostados em uma parede e construídos próximos à porta de entrada.

Piponnier (1998, pp. 510-511) descreve o contraste entre a vida camponesa e a senhorial quando relata algumas descobertas arqueológicas:

> A casa fortificada de um pequeno senhor foi descoberta [...] revelando um vasto fogão quadrangular, de cerca de dois metros por dois, feito de tijolos e situado no centro de uma peça cujo chão de terra batida trazia a marca de vários fogões secundários. Essa residência contava com outras peças, e pelo menos uma delas tinha uma lareira mural

> de dimensões bem mais modestas. A função culinária era, pois, bem individualizada nessa casa, e muito bem marcada. Inversamente, no campo e mais raramente na cidade, a peça onde se encontra o fogão é o único espaço da habitação.

Ornellas (2003, p. 90) afirma que "as cozinhas, no século XVI, eram localizadas no centro da habitação, tendo o fogão como peça central e grande chaminé para o exterior, o que seria a origem das lareiras. As reuniões se faziam ao redor do fogo, que era dedicado ao deus da família ou 'deuses lares' dos romanos".

Hoje em dia, a nova tendência das cozinhas residenciais é a volta do fogão centralizado na cozinha, pois, como dito anteriormente, o preparo das refeições passou a ser considerado por alguns como um entretenimento e um ponto de encontro com amigos. Em cozinhas profissionais atuais, o fogão comumente é alocado no centro da área de cocção, de modo que possa ser utilizado de ambos os lados, visto que o tamanho das panelas dificultaria muito o acesso aos queimadores traseiros.

Registros do fim da Idade Média indicam que o espaço arquitetônico e o mobiliário alimentar também faziam parte da estética e da moral da alimentação. Nesse período, grandes lareiras assavam as carnes em espetos movidos à mão, por engrenagem mecânica ou por um cachorro fechado em uma jaula giratória. Na lareira, eram também dependurados caldeirões para cozinhar sopas e legumes. O fogo era mantido aceso constantemente, pois não havia meio de ignição rápido.

Paralelamente, aperfeiçoaram-se as técnicas culinárias e os utensílios. Além do forno, foram incorporadas às cozinhas, pela arquitetura, mesas de preparo e arranjo de pratos antes de serem servidos. Algumas casas possuíam dois fogões, um com fogo intenso e outro com fogo mais baixo, para cocção mais lenta. A grelha, o pilão, o forno, as panelas com tampa, jarros pontudos para grãos, vasilhas, facas, colheres, espetos bifurcados, vasos para beber surgiram ainda durante a Idade Média, e muitos desses utensílios mantêm a mesma forma até os dias de hoje.

Os hábitos do Islã

A invasão muçulmana na Europa, que perdurou do século VIII ao século XV, propiciou um intenso intercâmbio cultural. O Islã imprimiu sua marca tanto na alimentação quanto em outros aspectos da vida. A respeito da forma de cozinhar Rosenberger (1998, p. 343) explica:

> Pode-se cozinhar ao ar livre. O lugar reservado para esse fim é claramente separado dos cômodos de habitação. O principal elemento dessa atividade é o fogão, quase sempre único, às vezes, substituído por um braseiro. Prefere-se o carvão à madeira, que faz fumaça e é mais difícil de transportar. Ao lado do fogão pode haver um forno (*tannûr*). A provisão de água provém de poços, fontes ou ribeiras, de onde pode ser levada para a cidade, as fontanas, através de canalizações.

Os utensílios eram bastante semelhantes aos utilizados pelo Ocidente cristão. Os alimentos deviam ser cozidos em panelas de barro novas e, no caso de serem vitrificadas, deviam ser usadas no máximo cinco vezes, pois acreditava-se que a gordura nelas acumulada transmitia um gosto ruim à comida, conforme Rosenberger (*ibidem*), que ainda relata:

> Na corte, o chefe de cozinha dirige um serviço considerável, com um pessoal numeroso, especializado e hierarquizado. Cabe-lhe evitar roubos e desperdícios, cuidar da qualidade dos ingredientes e dos pratos: a saúde, a própria vida do príncipe, depende disso. O temor dos envenenamentos, perigo real e difícil de distinguir das intoxicações alimentares, faz com que o responsável por essa função tenha um papel quase político. [...] Em suas orientações gerais os livros de receitas insistem na necessidade de uma rigorosa limpeza, tanto pessoal quanto no trabalho. [...] Os recipientes devem ser muito bem lavados depois do uso. Essas prescrições devem-se tanto a um cuidado com a pureza ritual como às normas de higiene. Outras orientações são motivadas mais pelo gosto: não cortar a carne com uma faca que tenha servido para cortar cebola, alho-poró, cenoura...

Os hábitos dos hebreus

Devido a elementos socioculturais e religiosos próprios, as práticas culinárias e os hábitos alimentares das comunidades judaicas distinguiram-se das demais, constituindo uma das mais altas expressões dessa tradição.

Dolader (1998, pp. 367-368), em suas pesquisas sobre as comunidades judaicas, escreve o seguinte:

> A cozinha, local sagrado dos gastrônomos, ficava no primeiro andar junto com os quartos, logo acima do *palacio*, nome dado às peças que ladeiam o vestíbulo por onde se entra na residência. Ela dispõe de uma porta independente, e seu teto é feito de vigas intercaladas de pranchas de madeira apoiada em pilares. O chão é pintado de cal. No centro, ergue-se, qual trono, o fogão, em volta do qual se dispõe o mobiliário. A *cadiera*, ou banco pega dois ou três lados do fogão. Quando a casa não dispõe de uma peça *ad hoc*, a cozinha é usada como sala de jantar. Dentre as cem casas inventariadas em Saragoça quando da expulsão dos judeus, apenas 3,5% contavam com uma sala de jantar propriamente dita. Mas, a julgar pelo mobiliário, um terço dessas casas possuía uma, ainda que os registros notariais lhe deem um nome diferente, o que nos leva a crer que serviam também para outros fins.

As salas de jantar, cujas paredes eram cobertas por tapeçarias, possuíam também um mobiliário bem completo, com muitas almofadas e travesseiros de lã. A iluminação era feita por candelabros e pequenos castiçais. Havia também diversos guarda-louças, para guardar os candelabros de latão, pratos, copos, canecas de estanho, latão ou ferro, almofarizes, cântaros e lavatórios.

A *arcamesa*, considerada um dos principais elementos, tinha pés ou cavaletes e era rodeada de bancos cobertos por tapetes. Um dos bancos era fixo e os outros, geralmente três, eram móveis e ornamentados com armas reais e pintados de diversas cores. As pessoas sentavam-se em volta da mesa.

Algumas residências tinham mais de uma mesa: uma pequena, no pórtico, que os servos utilizavam como sala de jantar, ou, na casa dos judeus mais abastados, como sala de jantar de verão, pois era a parte mais fresca da casa, ou ainda como lugar para refeições informais, e uma mesa grande na sala de jantar reservada para grandes ocasiões, segundo Dolader (*ibid.*, p. 368).

Esse hábito de ter duas mesas talvez tenha relação com a moradia da classe média alta, onde geralmente se vê a chamada copa-cozinha, que comporta uma pequena mesa para as refeições diárias e uma mesa maior, habitualmente localizada na sala de jantar, para a recepção de grupos maiores de amigos e de parentes.

A despensa judaica possuía dupla função: armazenagem de grãos e adega de vinhos. Situado no subsolo, o celeiro era circular, quadrado ou retangular, mas de acordo com os preceitos da sinagoga e da municipalidade, não eram abertos para as vias públicas. Para se chegar até ele, descia-se por uma escada fechada que dava para um pátio. Janelas na parte inferior permitiam a ventilação da adega. O uso do guarda-comida só se generalizou no século XV, relata Dolader (*ibid.*, p. 369).

A restauração antes da Revolução

Não há o que desperte tanto a inteligência e as conversas espirituosas como um bom jantar.
Brillat-Savarin[5]

O início da Idade Moderna, período que vai do século XV ao XVIII, foi marcado pelas grandes aventuras marítimas de portugueses e espanhóis.

O Renascimento, surgido na atual Itália, foi um movimento muito importante em termos de ideias e novos comportamentos. A culinária tornou-se mais elegante e simples, opondo-se aos banquetes da Idade Média. O hábito de lavar as mãos antes de comer, usar garfo e guardanapo passou a refletir as atitudes elegantes de uma sociedade mais refinada.

---

[5] Anthelme Brillat-Savarin, *A fisiologia do gosto* (São Paulo: Companhia das Letras, 1995).

Segundo o *Codex Romanoff* (Da Vinci, 2002, p. 18), que contém anotações culinárias de Leonardo da Vinci, em 1466 ele foi trabalhar com o artista Andrea Del Verocchio, desenvolvendo algumas habilidades culinárias, pois fazia as refeições na oficina. Tais aptidões o levaram a trabalhar no fogão de algumas tabernas. Com o amigo Sandro Botticelli, chegou a abrir um estabelecimento que logo fracassou.

Em Florença teve seus primeiros contatos com as mesas nobres. No fim do século XV, foi viver em Milão na corte de Ludovico Sforza, governante da poderosa cidade italiana e seu protetor. Leonardo da Vinci, que também na mesa estava anos à frente de seu tempo, era vegetariano, cinco séculos antes de esse costume se tornar moda. Precursor de uma culinária moderna, que preconiza que o aspecto dos alimentos deve ser preservado e valorizado, inventou objetos que hoje são absolutamente corriqueiros, como guardanapos e tampas de panela; além disso, foi mestre de banquetes, cozinheiro e dono de restaurante, afirma o *Codex Romanoff* (*ibid.*, p. 23).

Sobre as tampas das panelas Leonardo da Vinci (*ibid.*, p. 109) escreveu:

> Cada vez que se leva uma panela ao fogo deve-se cobri-la com um pano molhado que precisa ser trocado frequentemente para evitar que a fumaça se misture com o conteúdo da panela e altere o sabor. Há centenas de anos que isso é assim. Bem, agora eu me pergunto... Não poderia ser inventada para as panelas uma cobertura permanente, que fosse tão indestrutível quanto a panela, estivesse sempre ao alcance da mão e não precisasse ser trocada a cada momento? Farei um projeto... [...] De acordo com o bom Bernardo, com quem falei sobre os meus projetos para tampas de panelas, as de Meu Senhor, todas elas, já têm tampas. Sempre as tiveram, e elas agora estão penduradas – apesar dos cozinheiros – amassadas nas paredes do Castelo, onde se reúnem os ajudantes para golpeá-las fortemente e dançar ao ritmo disso que chamam de música. Já é suficiente. Cada ajudante deverá devolver a sua tampa ou não terá mais trabalho nas cozinhas.

Da Vinci (*ibid.*, p. 107) reintroduziu o uso do guardanapo, utilizado pelos romanos na Antiguidade, que até então tinha sua função substituída pela borda da toalha. Exprimiu sua preocupação com a sujeira das toalhas e a procura por uma solução: "Já encontrei uma. Creio que, na mesa, deveria cada um ter seu próprio pano, que, uma vez sujo de se limparem neles as mãos e as facas, poderia ser dobrado para não profanar a imagem da mesa com tal sujeira. Entretanto... que nome darei a tais panos? E de que maneira eu os apresentarei?"

As estalagens, os albergues e os cafés

Desde a Idade Média, as estalagens eram locais rústicos, onde nem sempre se serviam refeições. Na maioria das vezes, eram oferecidas bebidas, pousada para os viajantes e estrebaria para os cavalos. Em suas cozinhas, o trabalho era direcionado à venda de pratos preparados para as residências, pois não vendiam comida para ser consumida no local. Somente as estalagens tinham permissão legal para vender carne cozida ao público e, mesmo assim, seus serviços limitavam-se às ocasiões excepcionais dos banquetes.

Mas, com o desenvolvimento das carruagens, os viajantes necessitavam cada vez mais de locais para descanso e alimentação; assim, no fim da Idade Média, surgiram muitas tabernas e albergues nos arredores de Paris e hotéis para descanso na Inglaterra.

Nas zonas rurais, uma única estalagem servia a todos os viajantes, com tratamentos diferenciados. Walker (2002, p. 10) assim os descreve:

> Os viajantes com posses eram servidos nos salões de jantar ou em seus quartos; os mais pobres eram obrigados a comer com o senhorio e sua família na cozinha, tendo direito somente ao prato da casa a preço de custo. Os mais ricos, por sua vez, podiam pedir pratos especiais *à la carte* e ainda visitar a cozinha para certificar-se de que sua comida estava sendo adequadamente preparada.

Na área urbana, surgiu um estabelecimento conhecido pelos plebeus por "comum", que oferecia cardápios fixos a preços predeterminados, ao longo de grandes mesas coletivas postas com toalhas. Os fregueses dos "comuns" não podiam escolher, nem perguntar o que lhes era dado para comer, segundo Walker (*ibid.*, p. 8).

O Tour D'Argent, um albergue-taberna fundado em 1533, é considerado, ainda hoje, um dos mais famosos restaurantes do mundo, tendo primado desde seu princípio pelo bom gosto e pelo requinte das refeições.

Na metade do século XVII, após a descoberta do café pelos franceses, as casas de café espalharam-se rapidamente por Paris. Nos cafés, havia refeições rápidas, mas ainda não caberia classificá-los como restaurantes.

Os cafés, que inicialmente só serviam essa bebida, tiveram grande aceitabilidade e, consequentemente, um grande crescimento. Em 1675, Veneza já contava com muitas dessas casas, inclusive o famoso Café Florian, na praça de San Marco. Em 1750, havia cerca de seiscentos somente em Paris que, com o tempo, passaram a servir também refeições rápidas.

A primeira casa de café inglesa foi aberta no ano de 1652 por um refugiado armênio, no St. Michael's Alley, Londres. Na Inglaterra, os cafés tornaram-se centros de cultura e política, onde eram ministradas, por exemplo, aulas de latim, como é o caso do Hogarth's, em Londres. No início do reinado de Carlos II, em 1660, a corte inglesa adotou o chá, introduzido por sua mulher, a portuguesa Catarina de Bragança. A primeira casa de chá para senhoras foi aberta em Londres por Thomaz Twining, em 1717, cuja marca de chá com seu sobrenome ainda hoje é considerada uma das melhores do mundo.

No século XVI, em Paris, as tabernas tornaram-se o ponto de encontro de jantares de artistas e escritores, sendo os precursores dos atuais restaurantes. Na França, o primeiro restaurante surgiu em 1765, 24 anos antes da Revolução Francesa. Em meio à crise do reinado de Luís XVI, um pequeno estabelecimento aberto por Boulanger, chamado de "o pai do restaurante moderno", em Paris, inaugurou uma nova era na democratização da cozinha fina, até então privilégio da nobreza, do clero, da magistratura, etc.

Boulanger vendia sopas durante a noite inteira em sua taberna. O termo "restaurante" teria surgido dessas sopas quentes que se dizia serem restaurativas (em francês, *restaurants*). Conforme Leal (2003, p. 48), Boulanger escrevia: "vinde a mim, vós que trabalhais, e restaurarei vosso estômago".

Os restaurantes diferenciavam-se dos albergues e tabernas por serem mais limpos, mais tranquilos, mais espaçosos e terem decoração mais apurada, além de oferecerem as novidades culinárias a quem pudesse pagar por elas.

O cardápio desses estabelecimentos ampliou-se, pois os deputados revolucionários das províncias não moravam em Paris e costumavam se reunir para comer nos restaurantes próximos ao Palais Royal; com isso, a comida ganhou novos gostos e receitas.

A cozinha elaborada, do período pós-revolucionário, enriquecida de novos ingredientes e necessitando de muitos serviçais, passou a ser a preferida para as festas e encontros, pois dificilmente poderia ser executada nas residências. Em decorrência disso, os *chefs*, antes empregados da aristocracia, empregaram-se nos restaurantes ou passaram a abrir seu próprio negócio.

No século XVII, o rei Luís XIII, caracterizado pela inerte ação política, era um ótimo cozinheiro e foi responsável por tentar evitar os desperdícios dos grandes banquetes, buscando uma ordem na apresentação dos pratos.

Mas foi somente no fim do século XVII, com Luís XIV, que se estabeleceu uma organização na oferta dos pratos, que não mais foram postos à mesa ao mesmo tempo. Conforme Leal (*ibid.*, p. 43), cada serviço, que era composto por mais de um prato, passou a vir separadamente para a mesa; assim, começava-se pelas sopas, depois vinham as entradas, os assados, as saladas e finalmente as sobremesas.

Segundo Leal (*ibidem*), "inspirado nesses banquetes, Domingos Rodrigues, um grande *chef* de cozinha da época, criou vários pratos para a corte do rei de Portugal. Em cada dia da semana havia oito serviços, para 25 a 30 pessoas, totalizando de 200 a 240 pratos diariamente".

Ornellas (2003, p. 147) ainda relata que a festa intitulada "Prazer das Ilhas Encantadas", oferecida por Luís XIV em Versalhes em 1664, "durou ela nada menos de sete dias, com um sem número de iguarias finas, luxuosas peças de baixelas [...] um esplendor de luzes emanadas de 200 tochas, sustentadas por outros tantos criados de pé".

O rei Luís XIV comia com as mãos e se recusava a usar garfos. Como na época não havia diferença entre as facas para caçar e as de mesa, somente os nobres tinham os talheres especiais para comida, considerados objetos de uso pessoal, possuindo cada nobre o seu próprio estojo de talheres, que era levado no bolso, caso o anfitrião não os possuísse para convidados.

No fim do século XVII, surgem os faqueiros que contêm colheres, facas e garfos feitos em estanho, prata e ouro.

Relata Franco (2001, p. 153) que "o cardeal Richelieu, num jantar que ofereceu ao chanceler de Séguier, chocado ao ver seu convidado usar a faca como palito, mandou arredondar a ponta de todas as facas da casa. Desde então, a forma arredondada para a ponta das lâminas das facas tenderia à universalidade adotada".

Na França, o grande problema enfrentado pelos cozinheiros reais era a impossibilidade de conseguir servir uma refeição quente. Segundo Franco (*ibid.*, pp. 173-174), "as cozinhas ficavam distantes dos salões onde se comia, e os pratos eram servidos em procissão solene por longos corredores frios. Fanfarras acompanhavam a apresentação de cada prato".

Após 1715, o gosto arquitetônico mudou, e os palácios passaram a ser divididos em pequenos apartamentos. Luís XV, apreciador de reuniões íntimas, introduziu o *petit souper*, refeição de que os convidados desfrutavam sem precisarem obedecer aos rígidos protocolos vigentes, durante a qual os pratos eram preparados pelo rei, com a ajuda dos próprios convivas. Franco (*ibid.*, p. 174) relata o tipo de sistema empregado para que as refeições pudessem acontecer conforme as ordens do rei:

> Para garantir o desenrolar de uma refeição com um mínimo de serviçais, criou-se uma série de móveis, tais como aparadores e pequenas mesas.
>
> Com a valorização da intimidade, desenvolvem-se recursos capazes de reduzir o número de serviçais durante uma refeição ou até mesmo dispensá-los por completo. Assim, adotou-se o uso de um elevador de pratos entre a cozinha e a sala de refeições e um tubo acústico, através do qual se transmitiam as ordens.
>
> Entrementes, a moda das refeições íntimas levava parte da aristocracia à adoção de solução imaginosa: a *table a confidences*. Dotada de um mecanismo complexo e de efeito teatral, a *table a confidences* chegava

já servida à sala de jantar, trazida por um elevador que passava por um grande alçapão. A mesa descia à cozinha depois de cada serviço e voltava à sala de jantar preparada para o serviço seguinte.

Nessa época, generaliza-se o interesse pela boa culinária. Ter um cozinheiro significava a possibilidade de conhecer novos pratos nunca antes degustados. Somente os que eram muito ricos empregavam as cozinheiros, chamados *Cordon-Bleu*,[6] nome dado, anos depois, a uma das mais importantes escolas de gastronomia da França.

A sala especial para refeições surgiu na segunda metade do século XVIII, pois até então eram servidas em salas com outras funções. A esse respeito explica Franco (2001, p. 193):

> As mesas eram desmontadas ou retiradas, e as cadeiras arrumadas junto às paredes, depois de cada refeição. As cadeiras eram desenhadas tendo em conta esse fato. Por isso a parte da frente dos espaldares era, às vezes, ricamente esculpida e a de trás, muito simples. Essa tradição se manteve mesmo depois de a sala de jantar ter se tornado comum no século XIX e de as cadeiras passarem a ficar permanentemente à volta da mesa.
>
> Com a adoção de mesas destinadas às refeições, foi abandonado o uso de cavaletes para armá-las e criaram-se os primeiros móveis de sala de jantar. Aparecem as mesas de jantar com extensões e outros móveis destinados a facilitar o serviço.

Foi por volta dessa época que surgiu o grande fogão de cozinha, de doze a vinte queimadores de ferro fundido aquecidos por carvão mineral, criado para substituir o fogão a lenha e o braseiro de carvão vegetal, chamado *potager*, tornando possível o cozimento lento ou prolongado.

Luís XVI, tentando resolver a crise que a França enfrentava desde a época de seu antecessor, que envolvera a nação em conflitos com outros países, levando-a a perder terras e a ficar endividada, convocou

---

[6] "Roseta de Fita Azul", nome de uma condecoração instituída no tempo de Luís XIV para os cozinheiros altamente especializados.

uma assembleia de deputados com representantes de todos os estamentos da sociedade (a Assembleia dos Estados Gerais). Entretanto, optou por recorrer à força em vista dos impasses que se seguiram, o que o desgastou ainda mais politicamente. Além disso, o luxo e a ostentação da nobreza palaciana contrastavam com a miséria a que estavam condenados os pobres, que passavam fome. Assim, a plebe gritava por pão enquanto o rei e seus cortesãos se fartavam, sendo essa situação uma das causas da deflagração da Revolução Francesa em 1789, conforme Ornellas (2003, p. 153).

No ano de 1782, foi aberto em Paris o primeiro restaurante de luxo com uma extensa lista de pratos preparados individualmente, conforme a escolha do cliente: o La Grande Taverne de Londres, cujo nome era inspirado em uma peça de Shakespeare, sendo seu fundador o *chef* Beauvilliers. Frequentado por aristocratas, oferecia serviço *à la carte*.

Todavia, se no âmbito da vida palaciana e da nobreza cultivava-se o luxo e, no tocante à cozinha, a busca por refinamento e por novidades exóticas, o povo, diante da pobreza a que estava sujeito, a certa altura se revolta, tomando de assalto a fortaleza da Bastilha, então uma prisão e depósito de armas, que simbolizava a opressão do poder real aos que se manifestavam contra o governo. Assim, em 14 de julho de 1789, tem início a Revolução Francesa, que se estendeu por dez anos e marcou o fim do absolutismo na França.

Walker (2002, p. 12) ressalta que, "embora não se possa dizer exatamente que a Revolução Francesa tenha sido a responsável pela invenção do restaurante, ela certamente foi a propagadora do conceito. [...] A Revolução dispersou por toda parte os chefes de cozinha da nobreza francesa".

Esse fenômeno pode ser visto como decorrência da crescente violência contra os nobres e seu estilo de vida, fazendo com que os cozinheiros emigrassem, pois também eram vítimas do chamado Período do Terror, caracterizado pelos milhares de execuções na guilhotina. A fuga dos *chefs* levou ao mundo as especialidades da cozinha francesa, disseminando a instituição dos restaurantes.

Os costumes nas Américas

A busca de uma nova rota comercial marítima para as Índias que não passasse pelo mar Mediterrâneo, então dominado pelos árabes, levou Portugal e Espanha a se aventurarem pelos oceanos, enfrentando o mar aberto. Os resultados das chamadas Grandes Navegações foram a descoberta de uma nova rota para as Índias por Vasco da Gama, a descoberta da América por Cristóvão Colombo e a do Brasil por Pedro Álvares Cabral.

O índio que vivia no Brasil em 1500 guardava semelhanças culturais com o homem pré-histórico: não tinha uma hora determinada para comer, alimentando-se apenas quando tivesse fome, diferentemente dos europeus. Preferia os alimentos assados ou tostados aos cozidos e não tinha conhecimento da fritura. Cada alimento era preparado em vasilhas distintas, mesmo que fosse para comer com outro.

Para cozinhar, o índio usava panelas de barro, espetos e moquém, uma espécie de grelha colocada sobre fogo baixo, assando o que seria conservado, o que evitava o apodrecimento dos alimentos. Quando o consumo era imediato, o peixe ou a carne eram preparados no espeto, diretamente no fogo, técnica essa que deu origem ao preparo da carne como churrasco.

Para assar os alimentos, o índio usava uma técnica para apurar seu sabor, cujo resultado é semelhante ao que hoje obtemos com a utilização de um forno. A carne ou o peixe eram colocados em um buraco na terra, forrado com folhas grandes. Depois, eram cobertos com folhas e terra. Colocava-se fogo na cova, que ficava aceso até o alimento assar.

As panelas para preparar os alimentos e os fornos de barro especiais para torrar a farinha de mandioca eram confeccionados pelas mulheres. O preparo do cauim, bebida ritualística à base de mandioca e de outros vegetais fermentados, também era tarefa exclusiva das mulheres.

Os engenhos de açúcar, construídos na Zona da Mata nordestina, que apresentava a terra ideal para o cultivo da cana-de-açúcar, provocaram o surgimento de núcleos de povoamento. A população dos engenhos de açúcar era numerosa, composta na sua maior parte por escravos africanos. O proprietário ou senhor de engenho tinha poder absoluto sobre todos os demais habitantes da propriedade, ou seja, sua própria família, os agregados e os escravos. Havia uma organização de trabalho hierarquizada de acordo com a escala social vigente, sendo as funções atribuídas conforme sua natureza econômica, segundo Freyre (1965).

No século XV, a qualidade de alguns materiais que serviam de utensílios de mesa, como copos e pratos de estanho, não impediu que as refeições fossem feitas ao redor de uma mesa baixa, ou mesmo em uma esteira estendida no chão, sem o conforto das cadeiras. Esse era um hábito comum que ainda perdurava na primeira metade do século XVIII nas casas do Reino, onde as esposas e os filhos faziam a refeição sentando-se no chão, próximos à mesa onde o senhor jantava, relata Lima (1999, p. 50).

Lima (*ibidem*) relata também que "na casa-grande do Brasil Colonial, à hora das refeições, crianças e crias da casa esparramavam-se pelo chão. No final do Período Colonial, persistia esse comportamento doméstico, observado por vários viajantes".

As louças mais comuns eram feitas de barro, sendo fabricadas nos fornos dos próprios engenhos desde o início da colonização. Na segunda metade do século XVI, os portugueses trouxeram para o Brasil o forno fechado em forma de abóbada, o forno horizontal e o fogão de chapa de ferro com dois, três ou mais orifícios para panelas grandes e caçarolas, além de frigideiras, panelas com tampas, grelhas, talheres, cadeiras e mesas, conforme relata Cascudo (1968, p. 172).

Novas técnicas, novos costumes

> Somos o que comemos.
> Lévi-Strauss[7]

Napoleão Bonaparte iniciou seu governo em 1799, dez anos após o início da Revolução Francesa, e permaneceu no poder até o ano de 1815.

---

[7] Claude Lévi-Strauss, *O cru e o cozido* (São Paulo: Brasiliense, 1991).

Os ideais de conquista da Europa cultivados por Napoleão e insuflados nos exércitos sob seu comando acarretaram um período de guerras que, entre outras consequências, provocou a escassez de alimentos. A grande preocupação com os problemas de deficiência alimentar e de inanição de que sofriam os soldados levou Napoleão a estimular as descobertas no campo da conservação de víveres, premiando, em 1809, Nicolas-François Appert, que conseguiu extrair o ar de um frasco aquecendo nele um alimento.

Surgia, assim, a técnica de conservação de alimentos em vidros, que posteriormente evoluiu para os enlatados. A conservação de mantimentos com o gelo, inicialmente o gelo natural e depois o artificial, só seria descoberta bem mais tarde.

Se, por um lado, a Revolução Francesa levou à perda de poder da nobreza, que teve as propriedades confiscadas, perdendo ainda as benesses do sustento e do luxo de que anteriormente usufruía na vida palaciana, por outro, trouxe a ascensão de uma nova classe: a burguesia, interessada em cultivar uma vida social intensa e em ostentar os recém-adquiridos prestígio e riqueza. Graças a esse novo cenário, a procura pelos restaurantes aumentou acentuadamente.

No fim do século XVIII, *gourmets* arruinados em decorrência da Revolução passaram a escrever sobre gastronomia. Assim, com a publicação do *Manual des amphytrions*, é divulgado um novo serviço, chamado *à la russe*, em substituição ao serviço *à la française*, usado desde a Idade Média, e que, segundo Ariovaldo Franco, no Brasil foi denominado *à la française*.

Franco (2001, pp. 203-204) assim o descreve:

> No serviço *à la française*, um sistema de *buffets* sucessivos, os pratos de cada um deles eram postos na mesa simultaneamente. No serviço *à la russe*, apresentavam-se os pratos e seus acompanhamentos, um a um, a cada conviva.
>
> Antes os pratos esfriavam e os convivas nem sempre podiam degustar de tudo o que lhes apetecia. O serviço *à la russe*, introduzido em Paris em 1810 pelo príncipe Kourakine, embaixador da Rússia, permitia simplificar os menus, diminuindo consideravelmente os pratos de uma refeição.

Dizia De la Reyniére: "A maneira de servir um prato de cada vez é o refinamento da arte de bem viver. Podem-se, assim, comer os alimentos quentes por mais tempo e em maior quantidade, pois cada prato representa um centro único, para onde convergem todos os apetites".

Nessa época, muitos cafés e restaurantes parisienses tornaram-se famosos por toda a Europa e passaram a fazer parte da vida social de Paris, principalmente nas imediações do Palais Royal.

Após a queda do governo de Napoleão Bonaparte, a França viveu o período da Restauração até o ano de 1830, sendo inicialmente governada por Luís XVIII, amante das refeições abundantes e demoradas, e, posteriormente, por Carlos X, grande caçador e *gourmet*.

A palavra *menu* já era empregada na França desde o século XVIII em referência à lista de pratos de um banquete. Segundo Leal (2003, p. 51), "o primeiro desses *menus* apareceu num banquete servido a Luís XV, quando anfitriões mandaram redigir, com muito luxo e capricho, a lista dos 48 pratos da festa". Mas somente no século XIX, durante a Restauração (1814-1830), é que sua função passou a ser informar aos clientes de um restaurante quais pratos lhes seriam oferecidos como refeição estruturada. O *menu* derivou do *écriteau*, ordem interna de serviço para informar aos empregados da casa qual a sequência de pratos e vinhos que iriam servir.

Durante a Restauração, os grandes cozinheiros foram trabalhar nos restaurantes de Paris ou abriram seus próprios restaurantes, pois a nobreza empobrecida com a Revolução já não possuía mais condições de manter esses profissionais.

Considerado o maior cozinheiro francês de todos os tempos, Antonin Marie Carême (1783-1833) cozinhou para Napoleão Bonaparte e para o czar Alexandre I, da Rússia. Sua principal contribuição para o mundo da gastronomia foi o desenvolvimento de receitas para a elite. É tido como o verdadeiro fundador da culinária francesa.

A *grand cuisine*, nome pelo qual ficou conhecida a escola ou tradição culinária consolidada no livro que Carême escreveu, *La cuisine classique* (*A cozinha clássica*), oferecia uma lista de sugestões de pratos, inventando, assim, o *menu à la carte*, segundo Walker (2002, p. 13).

Carême enfatizou quesitos importantes como delicadeza, ordem e economia. Dizia que as belas-artes eram cinco: pintura, poesia, música, escultura e arquitetura, incluindo nesta última sua paixão por fazer bolos arquitetados de forma monumental; chegou inclusive a publicar, além de livros de culinária, dois voltados essencialmente a projetos em São Petersburgo, intitulados *Recueil d'architecture* e *Projects d' architecture.*

As qualidades de um bom confeiteiro foram abordadas até por Leonardo da Vinci (2002, pp. 148-149), no *Codex Romanoff*:

> Em primeiro lugar, deve tratar-se de um homem, já que uma mulher não poderá erguer grandes quantidades de marzipã.
>
> Em segundo, deve ser limpo, já que notar a sujeira do confeiteiro é muito desagradável para aqueles que estão a provar suas criações. Tampouco deve ter cabelo comprido, pois pode transferir alguns deles a seus confeitos.
>
> Finalmente, deve ter estudos de arquitetura, já que, carecendo de conhecimento sobre resistências e pesos, não poderá realizar suas criações de modo que não caiam.

Após a Revolução Francesa, a Restauração e a ascensão da burguesia, também as residências incorporaram mudanças em sua arquitetura interior. Assim, no fim do século XVIII e início do século XIX, as casas passaram a ser construídas prevendo-se um cômodo com a função de sala de jantar, conforto inexistente até essa época. Os castelos-palácios da França não possuíam salão de jantar. Os nobres e seus convidados comiam em qualquer sala, e os banquetes eram realizados nos salões nobres, segundo Lino (*apud* Cascudo, 1968, p. 235).

No século XIX, as mansões burguesas e os grandes hotéis começaram a dispensar uma atenção especial às salas de jantar, assim como à instalação das respectivas cozinhas, que anteriormente, até em palácios reais, eram locais cheios de fumaça, confusos e descuidados da limpeza, apesar de prepararem comidas muito saborosas.

As cozinhas eram equipadas com fogões de ferro fundido, aquecidos com carvão vegetal e, posteriormente, acrescidas de geladeira.

Apesar de o fogão a gás já ter sido lançado, somente mais tarde se espalharia pela Europa, conforme relata Leal (2003, p. 53).

Em 1848, Luís Napoleão assumiu o governo da França. Nessa época, Paris passou por um grande desenvolvimento urbanístico. Haussmann transformou radicalmente o traçado da cidade, abrindo amplas avenidas e instalando os *grands boulevards*, que eram asfaltados, iluminados a gás e possuíam lojas de luxo, além de restaurantes refinados. Os *grands boulevards* tornaram-se o centro da vida parisiense, assim como o Palais Royal havia sido anteriormente.

Como decorrência do retorno ao absolutismo reinstaurado por Napoleão III (Luís Napoleão, sobrinho de Napoleão Bonaparte), a França entrou em guerra com a Alemanha em meados do século XIX e enfrentou uma grave crise, mas, no fim do mesmo século, já contava novamente com muitos cafés, restaurantes e cervejarias, que prosperaram até a Segunda Guerra Mundial. Um exemplo de um célebre restaurante aberto nesse período é o Maxim's, que atualmente conta com várias casas pelo mundo.

Nessa época, foi inaugurada a primeira escola destinada ao ensino da culinária francesa para filhas de famílias ricas, a *Le Cordon-Bleu*, que possui várias filiais em diferentes cidades do mundo, inclusive no Brasil, sendo reconhecida internacionalmente e muito procurada por profissionais da alimentação.

A era napoleônica teve reflexos no Brasil, mudando totalmente os usos e costumes da colônia, onde se introduziu o hábito das grandes festas e de verdadeiros festivais gastronômicos, promovidos pelos novos habitantes chegados de Portugal.

Em 1807, as tropas de Napoleão Bonaparte invadiram Portugal, e a Corte Portuguesa, com a garantia da Inglaterra, fugiu para o Brasil. Em troca, dom João VI, então rei de Portugal, comprometeu-se a abrir os portos e a conceder privilégios comerciais aos ingleses. A Família Real e sua corte, em torno de 12 mil pessoas, vieram refugiar-se no Brasil, chegando em janeiro de 1808.

Ornellas (2003, pp. 240-241) observa que, antes da chegada da Família Real ao Brasil, o Rio de Janeiro, apesar de ser a capital da colônia, mantinha hábitos simples e provincianos. As mulheres e as crianças comiam com a mão; os remediados e ricos, à mesa; os pobres, na esteira ou no chão. Talheres de prata, somente nos dias de festa. Mesmo em Salvador, antiga capital e um dos principais centros urbanos do Brasil da época, cidade que contava com a presença de frades e fidalgos, a etiqueta alimentar era primitiva, prevalecendo o hábito de comer com a mão.

As mesas dos sobrados mais nobres eram tão grandes como as das casas-grandes dos engenhos, embora o número de convivas nas cidades fosse menor. Símbolo de *status* e do poder patriarcal, as mesas eram altas, o que as tornava desconfortáveis. O material com que eram confeccionadas era quase sempre jacarandá, que lhes dava a aparência de terem criado raízes no chão. Em volta da mesa de jantar, existiam cadeiras para o senhor e para as visitas; os demais comiam sentados em tamboretes ou pelo chão, sobre de esteiras. Somente nas casas mais finas todos se sentavam em cadeiras, localizando-se a do patriarca na cabeceira, que era sempre maior e com braços – uma espécie de trono, segundo Lima (1999, pp. 76-78).

A abertura dos portos possibilitou a entrada de novas mercadorias e introduziu novos hábitos alimentares, além da elegância no comer e das boas maneiras à mesa, em razão da influência estrangeira de artistas e negociantes que para cá vieram.

Relata Cascudo (1968, p. 373) que o marquês de Marialva, para o casamento da futura imperatriz do Brasil, a princesa Leopoldina, que ele mandara buscar em Viena no ano de 1817, ofereceu uma festa na quinta imperial de Angarten para dois mil convidados, todos servidos em baixelas de prata e a família imperial em pratos de ouro.

No Brasil do início do século XIX, não se costumava oferecer os pratos nos banquetes. Eles eram servidos sem prévia consulta ao gosto do convidado. A louça não era substituída e amontoava-se confusamente à frente dos convivas, demonstrando dessa forma um elogio da fartura anfitriã.

Após 1850, as relações entre os Estados Unidos e o Brasil tornaram-se mais estreitas, e o jantar à americana, ou ceia volante, passou a ser muito empregado. Nessa modalidade de serviço, cada um serve-se à vontade, e não há lugares marcados à mesa.

Os talheres, apesar de já terem chegado às casas ricas e nobres, ficavam guardados e reservados apenas para as ocasiões especiais.

No dia a dia, usavam-se algumas poucas facas, que eram passadas de um comensal para outro, e algumas colheres. As sopas eram tomadas em pequenas tigelas de louça e levadas diretamente à boca; "os talheres" eram os três dedos da mão direita: o polegar, o médio e o indicador. Por essa razão, os portugueses lavavam as mãos antes e depois das refeições. Os guardanapos surgiram no século XVII, pois antes se limpavam as mãos no miolo de pão.

Vivendo na colônia, os fidalgos da Metrópole conservaram seus cozinheiros europeus ainda por muito tempo, mas, nas casas-grandes e fazendas, desde o século XVI, a negra cozinheira era a preferida, chegando muitas vezes a trocar quitutes por sua liberdade.

A abolição da escravatura, em 1888, a ascensão da cultura cafeeira e a abundância de mão de obra disponível na Europa, que passava por crises políticas e econômicas, favoreceram as correntes migratórias de italianos, alemães, espanhóis, poloneses, russos, japoneses e outros, que vieram para o Brasil em busca de trabalho.

A casa construída pelo imigrante possuía, em geral, uma cozinha fora do corpo principal, onde, além de cozinhar, as pessoas faziam as refeições, lavavam os pés, as mãos e o rosto após o trabalho diário e reuniam-se com a família depois do jantar para rezar o terço, relata Lima (1999, p. 122).

Lima (*ibidem*) destaca, nesse particular, que:

> A cozinha era construída fora do corpo da moradia, em razão do temor de incêndios, especialmente no caso de italianos, que cozinhavam sobre o "fogolaro", um buraco na terra feito no meio desse compartimento, em cima do qual se colocava a lenha a que ateavam fogo. [...] A casa dos poloneses seguia a mesma orientação.

O imperador dom Pedro II, austero em seus costumes, fazia refeições modestas, com poucos participantes, mesmo em ocasiões festivas ou em homenagem a algum convidado especial.

A última festa oficial do Império foi o baile na Ilha Fiscal, na noite de 9 de novembro de 1889, oferecido pelo presidente do conselho de ministros, visconde de Ouro Preto, ao comando do couraçado chileno Almirante Cochrane. Cinco mil pessoas dançaram e cearam na Ilha Fiscal.

Marques dos Santos (*apud* Cascudo, 1968, p. 382) fornece detalhes da festa:

> No pavilhão da ceia, as duas mesas armadas em ferradura ostentavam o riquíssimo serviço da Casa Pascoal: nas cabeceiras do lado do mar, dois enormes pavões estendiam a aberta cauda multicor abrangendo o espaço dos seis primeiros talheres; seguiam-se alternadamente peças inteiras de caça e peixe, entre as quais ficavam enormes castelos armados em açúcar, de mais de meio metro de altura, em cujos torreões as bandeiras chilena e brasileira guardavam delicadíssimos bombons. Em frente de cada talher havia nove copos de diferentes feitios, três brancos e seis de cor. De espaço a espaço, erguia-se ora uma jarra com flores, ora uma urna, ora um candelabro de prata. Mais de oitenta criados faziam o serviço nesta sala, cuja mesa custara o trabalho de quarenta e oito cozinheiros durante três dias consecutivos.

E. Mattoso (*ibidem*) relata que "quinhentas pessoas, em cada uma das quatro mesas, cearam à meia-noite. Os serviços volantes atendiam os demais. Dançavam em seis salas".

Relata ainda Marques dos Santos (*ibid.*, p. 383):

> O serviço fornecido pela Confeitaria Pascoal foi dirigido pelos Srs. Manoel Fernandes da Silva, Marcelino Fernandes Teixeira e Bernardino Ferreira Cardoso, empregados e interessados naquela Confeitaria. Foi chefe dos copeiros, cujo número era 150, o Sr. Vicente Spain. Serviram além desses, durante a ceia, 60 trinchadores. Passaram pela copa 12.000 garrafas de vinho, licores, *champagne*, cervejas, águas gasosas, minerais e outras bebidas; 12.000 sorvetes, 12.000 taças de ponche, 20 peças de açúcar para centro de mesa e 500 pratos de doces variados. Dirigiram todo o serviço da cozinha, onde trabalharam 40 cozinheiros e 50 ajudantes, os Srs. José Torres e José Pequeno. Serviram-se: 18 pavões, 80 perus, 300 galinhas, 350 frangos, 30 fiambres, 10.000 sanduíches, 18.000 frituras, 1.000 peças de caça, 50 peixes, 100 línguas, 50 maioneses e 25 cabeças de porco recheadas.

Esse banquete constitui um marco do fim do Império, pois, apenas seis dias após sua realização, Deodoro da Fonseca proclamava a República e dom Pedro II, assim como os demais membros da família real, foram obrigados a exilar-se. O povo não reagiu.

O advento da República inaugurou, no Brasil, o regime dos banquetes oficiais, ignorados no Império. Todos os candidatos à presidência e à vice-presidência, com exceção de Deodoro da Fonseca e Floriano Peixoto, foram escolhidos em uma convenção, terminada pelo banquete homologador, com cardápio e serviço à francesa, conforme Cascudo (*ibid.*, p. 384).

Nesses banquetes, as mesas eram dispostas em "U", também chamado de ferradura, ou em "T" simples ou duplo, seguindo o costume da época imperial. O modelo americano de uma grande mesa presidencial e várias mesas menores para quatro pessoas dispostas diante da principal era muito criticado, pois dava a impressão humilhante de uma segunda classe.

Mudanças após a Revolução Industrial

A Revolução Industrial ocorrida a partir do final do século XVIII na Inglaterra e, posteriormente, em outros países europeus, transformou radicalmente a organização da produção, que passou de artesanal, caracterizada pela figura do artesão que elaborava uma peça de cada vez, dominando todo o processo de criação, para a produção em série e em grande quantidade, organizada em várias etapas de divisão de trabalho. Isso se refletiu na própria organização social, incrementando o crescimento das cidades e o surgimento da mão de obra operária. Esse processo trouxe consigo também a criação dos alimentos parcial ou inteiramente processados, ou mesmo prontos para consumo; com isso, o trabalho do preparo das refeições passou a ser feito fora de casa, dando início a profundas transformações nos hábitos alimentares, na estrutura doméstica e na culinária.

Na sequência da Revolução Industrial e do êxodo rural dela decorrente, um número crescente de mulheres foi trabalhar nas fábricas ou em escritórios, não sendo mais possível para elas combinar as tarefas domésticas com as atividades profissionais, como ocorria anteriormente, quando a maior parte das empresas industriais ou comerciais tinha um caráter familiar.

O incremento da produção em massa e o desenvolvimento da sociedade de consumo acarretou a criação dos equipamentos eletrodomésticos e das indústrias alimentícias. Contribuiu para essa mudança de hábitos a integração das mulheres no mercado de trabalho, principalmente na indústria bélica, durante a Segunda Guerra Mundial, uma vez que tiveram de substituir os homens que estavam nas frentes de batalha. Assim, a partir da segunda metade do século XX, aumentou muito a venda de aparelhos que auxiliavam no preparo das refeições e na manutenção da casa.

Flandrin (1998, p. 701) comenta que:

> Entre as indústrias da comida pronta, deve-se falar dos restaurantes, embora estes não correspondam cabalmente à ideia que se tem das fábricas. Com efeito, não é somente por um novo nome que, nos séculos XIX e XX, eles se distinguiram das estalagens de outrora, mas sobretudo por suas funções. Em verdade, duas funções bastante diferentes. Por um lado, uma função gastronômica [...] Alguns restaurantes tornaram-se templos da alta cozinha, e é aí que exercem a profissão os grandes cozinheiros, outrora a serviço dos príncipes e senhores. [...] Mas os restaurantes tiveram, igualmente, outra função: a de alimentar cotidianamente uma clientela cada vez mais numerosa de homens e mulheres que deixaram de fazer as refeições em casa – porque já não existe alguém para prepará-las, ou porque trabalham muito longe de casa.

Por volta de 1870, nos Estados Unidos, as viagens de trem intensificaram-se por causa da ampliação das ferrovias. Os viajantes eram aconselhados a levar alimentos não perecíveis que pudessem resistir por vários dias de viagem, pois não havia vendedores nem vagões-restaurante.

Curiosamente, Walker (2002, p. 15) relata que nas estações de trem havia apenas refeitórios imundos e explorados por gananciosos proprietários e funcionários da ferrovia. Quando o trem apitava para a partida, os viajantes tinham de ir embora mesmo antes de comer o que era servido. Frequentemente era servida a mesma velha comida requentada para três ou quatro grupos de passageiros diferentes.

Em 1876, Fred Harvey abriu um pequeno restaurante em uma estação ferroviária no Kansas. O estabelecimento primava por oferecer uma comida bem feita, ambientes higiênicos e serviço atencioso, alcançando um grande sucesso em todos os Estados Unidos.

Inaugurado em 1898, o Hotel Savoy, em Londres, cujo gerente-geral era Cesar Ritz, e o chefe de cozinha, Auguste Escoffier, foi o primeiro hotel a possuir luz elétrica. Destacou-se também por seu projeto arrojado e pioneiro para a época, pois possuía um grande restaurante de luxo. A iluminação, até então deixada de lado nos restaurantes, foi planejada de modo a realçar os ambientes e os frequentadores. Para os clientes mais informais, Ritz adotou o costume inglês do *grill room* (salão de grelhados), que possuía um ambiente mais simples, mas bem constituído, abrindo assim as portas dos hotéis para os jantares informais.

Ritz expandiu seus negócios por toda a Europa, e Escoffier publicou um livro chamado *Guide culinaire* (*Guia culinário*), obra indispensável para o treinamento de profissionais da cozinha, visando os objetivos de: "especialização da atividade culinária em setores, íntima interdependência da equipe e abreviação do tempo de preparação dos pratos", conforme relata Franco (2001, p. 221).

Escoffier racionaliza o trabalho na cozinha profissional da hotelaria, dividindo-a em cinco setores interdependentes, descritos por Franco (*ibidem*) da seguinte forma:

> O do *garde-manger*, responsável pelos pratos frios e pelo suprimento de toda a cozinha; o do *entremettier*, incumbido das sopas, legumes e sobremesas; o *rôtisseur*, encarregado dos assados, bem como dos pratos grelhados e fritos; o do *saucier*, responsável pelos molhos; e o do *pâtissier*, que responde pelo preparo da pastelaria necessária aos vários setores da cozinha.

O norte dos Estados Unidos caracterizou-se por ser mais urbano e industrial do que o sul, processo intensificado, principalmente, após a Guerra de Secessão (1861-1865). Assim, por volta de 1848, Nova York tornou-se a cidade mais importante dos Estados Unidos e o segundo maior centro urbano da época, superada apenas por Paris. Graças a esse desenvolvimento, estabeleceu-se, segundo Walker (2002, p. 13), uma hierarquia de lugares para se comer:

> Embaixo, estava o "cardápio de seis centavos" de Sweeney's, na Ann Street, cujo proprietário, Daniel Sweeney, alcançou fama pelo mérito duvidoso de ser o pai do sistema da *greasy spoon* (colher oleosa): Sweeny literalmente atirava ou empurrava sua nada apetitosa refeição (prato pequeno, seis centavos, prato grande, um *shilling*) por sobre uma passagem lubrificada de gordura na direção de seus famintos fregueses, que, de sua parte, também não eram muito chegados às regras da boa educação.
> Um degrau acima ficava o Brown's, lugar um pouco mais distinto que o Sweeney's, que ostentava um cardápio de opções fixas [...] e garçons que, de vez em quando, passavam perto da freguesia o suficiente para escutar os pedidos que lhes eram feitos.

O conceito de cafeteria, bar ou restaurante de autosserviço foi inventado durante a corrida do ouro para a Califórnia, quando os garimpeiros, apressados para voltar a seus garimpos, formavam filas para se servirem de grandes tigelas e potes comunitários, em vez de esperarem para serem servidos à mesa, destaca Walker (*ibid.*, p. 15).

As maiores transformações nos hábitos alimentares ocidentais ocorreram durante o século XX. O período que compreendeu as duas guerras mundiais foi responsável pela disseminação de novos tipos de alimentos, originados das rações dos soldados. As mudanças na alimentação contemporânea em razão da criação de técnicas de conservação de alimentos, conquistas da microbiologia e desenvolvimento dos transportes industrializaram a produção e a distribuição de alimentos e causaram uma revolução na alimentação de americanos e de europeus.

No Brasil, o processo de expansão industrial ocorreu no século XX, a partir dos anos 1920, em São Paulo, que sediou as primeiras indústrias de bens de consumo. Mas foi principalmente a partir da década de 1950 que o governo brasileiro incrementou os investimentos na ampliação dos serviços de infraestrutura, estimulando assim a diversificação da indústria nacional, especialmente de bens de consumo duráveis, sobretudo eletrodomésticos e veículos.

Mas nem todas as cidades brasileiras puderam realizar a modernização industrial desejada, pois a principal característica do nosso país, desde a colonização, é justamente o desnível de desenvolvimento, concentrando-se a maior parte da riqueza nas regiões Sul e Sudeste, em detrimento do restante do país, cuja população apresenta baixos índices de desenvolvimento humano. Assim, os padrões de comportamento burgueses, a modernidade e o consumo foram absorvidos de forma desigual pelas diferentes regiões, cidades e camadas da população.

Nesse contexto, a industrialização, embora tenha deslocado progressivamente a produção para fora do domicílio, não substituiu de uma só vez as formas tradicionais de produção e sobrevivência.

Lima (1999, p. 138) relata que,

> embora algumas donas de casa já tivessem fogão a gás, sinal de bom gosto e prestígio, este permanecia encostado, enquanto, no uso diário, acendia-se o fogão a lenha ou carvão, chamado de "econômico", para o preparo de refeições mais elaboradas, e a espiriteira para fazer comidas mais rápidas e esquentar a água.

Continua ainda Lima (*ibidem*):

> Muitas cozinhas permaneceram, até meados do século XX, como apêndices da casa, um puxado coberto por telhas, voltadas mais para o quintal do que para o interior propriamente dito. Era um lugar quente, enfumaçado, engordurado pela carne seca, pela linguiça e pelos toucinhos pendurados no fumeiro, com tijolos de chão desgastados pelas pancadas do machado na lenha, onde a dona de casa permanecia de cócoras, debruçada sobre gamelas e peneiras, ou em pé, socando o pilão. Além do esforço repetitivo, era, frequentemente, obrigada a parar o serviço para matar baratas, espantar moscas ou lutar contra o exército de formigas. Ali era realizado um trabalho cansativo, demorado e sujo, seja pela preparação dos pratos, seja pela limpeza das panelas engorduradas e enegrecidas pela fuligem.

A cozinha, além de ser o local de cozinhar e lavar a louça, era também onde se guardava a bacia para banhos e fervia-se a água, banhavam-se as crianças, passava-se roupa e, em algumas casas, onde os empregados dormiam sobre esteiras. Poucas casas conheciam a função, a divisão e a restrição do espaço, modernidades difundidas pelas posturas municipais e também por engenheiros, construtores e higienistas, comenta Lima (*ibid.*, pp. 138-139).

As novas formas urbanas de morar das elites e da burguesia desvincularam a cozinha da sala de jantar. As salas de visita, os salões e a sala de jantar passaram a ser espaços de exibição e hierarquia.

Um mobiliário complexo e especializado, composto por aparadores, bufês, guarda-louças, etc., disposto ao redor da sólida mesa e das cadeiras, dava uma aura de sofisticação e refinamento, inspirada na cultura europeia.

O conforto da mecanização

A organização do processo de trabalho não deve ser confundida com o uso de utensílios mecanizados. O planejamento das cozinhas industriais começou mesmo antes de sua mecanização.

Beecher (*apud* Giedion, 1978, p. 523), em 1869, observou que "a cozinha de um navio a vapor dispõe de todos os artigos e utensílios necessários utilizados para cozinhar para 200 pessoas em um espaço disposto de tal forma que, com um ou dois passos, o cozinheiro pode ter à mão tudo o que utiliza".

Quando os arquitetos modernos reconheceram a importância de uma cozinha bem planejada, depois de 1920, tomaram como protótipo a cozinha de um vagão-restaurante, mas este não existia quando Catherine Esther Beecher escreveu seu livro. No mesmo ano de 1869, George Pullman solicitou uma patente rudimentar para seu carro-restaurante.

"Em contraste com isso", escreve Catherine (*ibidem*), "os materiais e utensílios para cozinhar, a pia e o refeitório se encontram em tais distâncias que metade do tempo e energia são gastos para ir de um lado para o outro para pegar e devolver os utensílios empregados".

Cristine Frederick (*ibidem*) indicava as cozinhas de hotéis "onde todo o equipamento está relacionado". Os hotéis não compram "uma mesa de cozinha aqui e uma estufa ali". Em 1935, a estandardização dos processos de trabalho nas cozinhas é a marca das cozinhas aerodinâmicas.

Uma cozinha "hermética" de 1847, especialmente destinada a hotéis, navios e hospitais, foi construída com seções estandardizadas que poderiam ser adicionadas umas às outras até alcançar o tamanho desejado. Suas partes eram facilmente intercambiáveis: "as partes de ferro podem ser extraídas sem alterar o piso". Como é possível perceber, a tendência de estandardização na cozinha permaneceu latente durante quase um século.

Na cozinha mecanizada são reconhecidos três centros principais de trabalho: armazenamento e conservação, limpeza e preparação e cocção e serviço, unindo-se o utensílio e a ferramenta com seu lugar de aplicação. O desenvolvimento de equipamentos que conservassem os alimentos por meio do frio foi uma busca incessante durante séculos.

As moradias da nobreza, na Idade Média, dispunham, ao lado das adegas, de compartimentos no subsolo nos quais eram depositados gelo e alimentos. Cada centro habitado dispunha de uma ou várias construções subterrâneas, nas quais, no inverno, era guardado o gelo destinado a conservar, durante o ano inteiro, os gêneros alimentícios, conforme descreve Pedrocco (1998, p. 776).

O clima quente e úmido, especialmente do sul dos Estados Unidos, estimulou desde o princípio da colonização europeia o desejo de gelo e bebidas frias. Essa é uma das razões de o sorvete ter se convertido, mais tarde, em sobremesa nacional. Um visitante inglês observou, em 1800, que, durante o verão, a carne se estragava em um dia, as aves não podiam ser abatidas mais de quatro horas antes de cozidas e o leite coalhava uma ou duas horas depois de ordenhado da vaca. Essa peculiaridade climática explica claramente por que, a partir do século XVIII, pesquisou-se tanto como armazenar o gelo durante os meses de verão e como produzi-lo artificialmente.

Segundo Carneiro (2003, p. 102), em 1851, foi patenteado por John Gorrie, nos Estados Unidos, o primeiro refrigerador por compressão e expansão de ar e movido por máquina a vapor, e, em 1876, o francês

Charles Tellier (1828-1913) construiu o primeiro navio equipado com sistema de produção de frio, o *Frigorifique*, que levou 105 dias para transportar carnes de Buenos Aires para Rouen, na França, causando sensação por toda a Europa. Por volta de 1865, são lançadas no mercado as primeiras geladeiras de uso doméstico.

Giedion (1978, p. 598) relata que Clarence Birdseye, quando estava em Labrador, no Alasca, observou que o pescado e a carne de rena se congelavam rapidamente no ar do Ártico. Quando os esquimós regressavam, meses mais tarde, estava tudo tão fresco como no dia em que os animais haviam sido mortos. Birdseye traduziu o mecanismo natural de conservação em termos mecânicos, levando os alimentos a ponto de congelamento entre placas metálicas. Pouco depois, em 1925, esse processo foi patenteado, dando-se início a sua aplicação comercial. Em 1928, chegaram ao mercado os primeiros alimentos tratados por esse método, e seu consumo aumentou com rapidez.

À medida que se diversificou o processo de industrialização, novas criações foram surgindo. Após a Primeira Guerra Mundial (1914-1918), os equipamentos e utensílios de cozinha sofreram um grande aperfeiçoamento, substituindo-se as peças de cobre por alumínio ou metal inoxidável. O vidro, a porcelana, a cerâmica e outros materiais resistentes ao calor também foram aprimorados.

Como resultado desses avanços tecnológicos, surgiram nos Estados Unidos batedeiras, liquidificadores, panelas de pressão e fornos de controle automático, facilitando e simplificando as tarefas domésticas.

Mas, ao lado das inovações em utensílios e conservação de alimentos, o aprimoramento das fontes de calor constitui parte essencial do processo de elaboração das comidas. Assim, a história da cozinha como hoje conhecemos está muito vinculada com a concentração crescente de suas fontes de calor. O primeiro modelo de fogão a gás foi apresentado em 1851 na Grande Exposição de Londres. Era um modelo de chama contínua e facilmente regulável. O fogão elétrico apareceu somente em 1891. A chama aberta do fogão, o carvão, o gás e finalmente a eletricidade seguiram-se um após o outro como agentes caloríficos.

Giedion (*ibid.*, p. 533) relata que durante muito tempo a chama aberta reinou com caráter supremo. Durante meio século, entre 1830 e 1880, o fogão de ferro foi o que prevaleceu. Entre 1880 e 1930, o gás conseguiu aceitação geral e, com um ritmo cada vez mais rápido, iniciou-se a era do fogão elétrico.

Continua Giedion (*ibidem*):

> O fogo aberto, a chama do fogão, prevaleceu através dos tempos. Até o final do século XVII foi um pequeno e único agente calorífico na estação fria. Nas grandes moradas góticas, na corte de Borgonha ou nos castelos senhoriais, vários fogões chegavam a reunir-se em um edifício destinado à cozinha, como se pode ver nos castelos de Dijon ou no palácio real de Sintra, em Portugal. Suas chaminés, que se encontravam em uma abóbada cônica, formavam um ponto dominante deste complexo arquitetônico.

Benjamin Thompson, conde von Rumford, educado nos Estados Unidos colonial, oficial britânico, estadista e general chefe da Baviera, foi um dos grandes físicos do século XVIII, dedicando-se inclusive à pesquisa de fontes de calor. O forno indiretamente aquecido de Rumford, destinado à cozinha de um de seus restaurantes, em Munique, possuía dutos, conectados às chaminés, para conduzir o calor e a fumaça ao redor dos recipientes usados para cozinhar, que para isso eram encaixados em concavidades especialmente concebidas com essa finalidade. A superfície externa de panelas e outros utensílios não tinha, portanto, contato direto com a chama.

Inventor da técnica do calor latente, das sopas que levavam seu nome, Rumford, com sua experiência científica, foi sem dúvida o homem que aperfeiçoou o fogão. O experimento social de cozinhar diariamente para mil pessoas em seus restaurantes de Munique ofereceu uma excelente oportunidade para que ele aplicasse seus estudos no aprimoramento das fontes de calor. Rumford construiu também grandes cozinhas e fogões para os aristocratas bávaros, para academias militares e hospitais da Itália.

Todos possuíam linhas similares: o cozinheiro não andava ao redor de seus recipientes, mas os vigiava do centro da cozinha, onde o fogão estava escavado na mesma forma semicircular e ovalada das pequenas *maisons de plaisance*, conforme o modelo do parque de Nymphenburg, do qual Rumford era hóspede habitual. Em sua forma, esses fogões possuíam o espírito do século XVIII e não mantinham semelhança alguma com os enormes monstros criados no século XIX, segundo Giedion (*ibid.*, p. 536).

A cozinha de Rumford não tinha os dispositivos da cozinha no seu sentido atual. Ele seguiu por pequenos caminhos que não seriam percorridos mais tarde, mas suas sugestões baseadas em uma extensa prática são tentativas muito importantes para o desenvolvimento da cozinha industrial.

Rumford desenvolveu também um tipo de forno que concentrava o calor no menor espaço possível. As vantagens eram uma radiação por igual e maior suculência da carne. A utilização da cocção a vapor começou também a ser utilizada, gerando uma economia de calor. As paredes para os recipientes de cocção a vapor eram duplas, com a finalidade de confinar o calor com maior eficiência.

Outro nome diretamente vinculado à evolução do fogão é o do construtor de estufas Philo Penfield Stewart (1798-1868). A estufa de Oberlin, como foi chamada sua criação, constituiu um ponto de partida para o fogão tecnicamente solucionado, destaca ainda Giedion (*ibid.*, p. 538).

O advento do gás possibilitou a concentração da fonte térmica. Na linha dos novos modelos para a época, estava o fogão a gás com superfície de ferro e queimadores em espiral, construído pelo proprietário de um restaurante de Glasgow e apresentado na Grande Exposição de 1851. Os novos modelos foram adquiridos em sua maioria pelo setor hoteleiro, conforme Giedion (*ibid.*, 541).

A eletrificação reduziu a fonte de calor a uma mera espiral, uma delgada resistência que a corrente torna incandescente e que, por conseguinte, irradia calor. A criação do calor sem fonte visível veio se opor à antiga associação do calor à chama. A introdução da cozinha a gás necessitou de oito décadas, e a elétrica de somente metade desse tempo.

Na década de 1880, a ideia de se usar a corrente elétrica para fins culinários ocorreu mais como criação de bruxaria do que de um útil invento. Em 1893, o Algonquin Club de Boston montou um restaurante de demonstração, com capacidade para vinte pessoas, em que se preparava um menu completo com um custo de combustível de apenas um centavo por pessoa, com a intenção de popularizar a cocção por eletricidade.

Mas as invenções para dinamizar o processo de cocção e, consequentemente, de confecção de refeições não se limitaram ao aprimoramento dos fogões, fornos e utensílios domésticos. As primeiras máquinas de lavar pratos surgiram em 1865. A solução mecânica do processo de lavar os pratos consistia em impulsionar água contra os objetos que deviam ser lavados, o que era realizado por braços metálicos que giravam no fundo de um depósito que jogava água para cima.

Outro equipamento bastante empregado em cozinhas industriais, que reduziu muito o volume de armazenamento de detritos, é o triturador de resíduos, inventado em 1929 pela General Electric Company. Em 1935, foi alcançada sua forma-padrão e produção em escala. Sua dimensão foi reduzida, e o mecanismo melhorado, mas o princípio permaneceu o mesmo.

Ao contrário de outros equipamentos, como a lavadora de pratos, o motor elétrico, o refrigerador, etc., cuja concepção ocorreu para uso comercial, o triturador foi idealizado em uma época da cozinha mecanizada, e suas aplicações já tinham penetrado nas residências. Foi o modelo doméstico que mais tarde foi adaptado a hotéis, barcos e estabelecimentos públicos. Na Segunda Guerra Mundial, foi empregado pelas Forças Armadas dos Estados Unidos. As unidades pequenas eram aplicadas também para uso comercial, instaladas nas áreas de preparação e copa de lavagem.

A chegada da tecnologia às cozinhas gerou muitas previsões sobre o avanço das inovações nas utilidades domésticas. Giedion (*ibid.*, p. 600), por exemplo, previu que:

> Os alimentos serão cozidos por toneladas sob a direção de chefes de fama mundial e envasados em recipientes. Depois, um minuto antes do jantar, a dona de casa colocará a comida pré-cozida e congelada em um forno especial eletrônico. Este forno conterá ondas de rádio de alta frequência que penetram igualmente por todos os lados dos alimentos... em poucos segundos soará uma campainha e o jantar inteiro será servido rapidamente.

Em 1903, com a chegada do "século das facilidades", inventa-se o restaurante automático, que nada mais era do que um desdobramento lógico da máquina de vender. Em Nova York, esse estabelecimento foi instalado da forma mais requintada possível. Suas luzes elétricas, seus espelhos deslumbrantes e seu mármore reluzente superaram todos os brilhos da Broadway. No andar superior, os clientes faziam o pedido, a comida era preparada no subsolo e depois enviada para cima por meio de pequenos elevadores.

Em 1945, apareceram em Nova York e subúrbios vários centros de vendas de alimentos congelados, destinados ao *self-service*, nos quais as embalagens de papelão se amontoavam em armários brancos esmaltados.

Na década de 1950, Howard Johnson inovou vendendo comidas congeladas. Fundador de uma famosa cadeia de restaurantes de estradas nos Estados Unidos, construiu fábricas em Boston e Miami. Na rede criada por Johnson, os cardápios eram preparados em série, como em uma linha de produção, relata Walker (2002).

Esse fenômeno, decorrência das grandes mudanças ocorridas durante o século XX, pode ser mais bem compreendido pelo relato de Lawson (1978):

> [foi] após a deflagração da Primeira Grande Guerra que o serviço de alimentação comunitária começou a ser implantado em grande escala. [...] Na Grã-Bretanha, durante a Primeira Guerra Mundial os alimentos foram racionados. Para facilitar sua distribuição, implantaram-se centenas de restaurantes de alimentação comunitária, o que permitiu garantir pelo menos uma alimentação diária a todos os civis e também controlar o limitado abastecimento de alimentos. Terminada a guerra, esse sistema de alimentação foi solicitado por outras instituições que agregavam grande número de funcionários.

Franco (2001, p. 227) opina que a "mecanização dos trabalhos domésticos se refletiria nos hábitos alimentares e na estrutura da vida familiar e social. O próprio ritmo da vida passou a exigir refeições mais simples". E isso pode ser verificado em nosso cotidiano.

Finalmente, ainda sobre as intensas mudanças vivenciadas no campo da alimentação discorre Silva (1998, p. 8):

> As transformações decorrentes da Revolução Industrial afetaram também o modo de produção das refeições. Houve também, dentro da cozinha industrial, o parcelamento do processo de trabalho. Foram criados setores independentes para as diversas tarefas, que passaram a ser realizadas em áreas bem delimitadas, ou seja, área de picar, lavar, preparar e cozer, todas relacionadas entre si e ao processo de trabalho. Surgiram novos equipamentos, ocorreram a planificação, a mecanização e a modulação, tanto na cozinha industrial como na residencial. O processo de produção tornou-se ágil. Assim, a cozinha industrial assemelhou-se à linha de produção.

Os lares sem cozinha

No momento em que a alimentação se tornou um mercado de consumo de massa, as refeições servidas em restaurantes passaram por uma revolução. Enquanto ao longo da evolução histórica a casa foi assimilada ao lar, isto é, à cozinha, no terceiro milênio a alimentação se identifica cada vez menos com o universo doméstico, segundo Fischler (em Flandrin & Montanari, 1998, p. 850).

Como vimos, durante o século XX, as sociedades, principalmente no Ocidente, passaram por modificações intensas no modo de vida em decorrência de vários fatores: a crescente urbanização, a industrialização, especialmente dos anos 1950-1960, a profissionalização das mulheres, a elevação do nível de vida e da educação, etc. Esse processo provocou o aumento da quantidade de refeições feitas fora de casa.

Segundo Fischler (*ibid.*, p. 851), 82% dos franceses declararam, no ano de 1994, comer fora de casa pelo menos ocasionalmente, sendo cinco o número médio de refeições feitas fora por semana. Percebe-se, assim, que, muitas vezes, as empresas, as escolas e as coletividades acabaram por assumir o papel de fornecedoras de refeições.

Nos anos 1950, com base na já bem-sucedida experiência norte-americana, apareceram na Europa vários tipos de restaurantes *self-service*, e, na década de 1960, as redes especializadas em hambúrgueres e outras formas de servir refeições rápidas são implantadas, alcançando enorme sucesso.

Cozinhando para a Revolução: a cozinha socialista

O fim do preparo das refeições em casa foi algo previsto com tristeza e, ao mesmo tempo, ardentemente desejado. O movimento contrário à comida caseira começou há cem anos, sem muita força, entre os socialistas que queriam libertar as mulheres da cozinha e substituir a família por uma comunidade mais ampla.

Em 1887, Edward Bellamy (escritor norte-americano, 1850-1898), autor do romance utópico *Daqui a cem anos – revendo o futuro*, imaginou um paraíso composto por lares sem cozinhas. Os trabalhadores encomendariam seus jantares de cardápios impressos em jornais e os comeriam em palácios populares. Vinte anos mais tarde, Charlotte Perkins (escritora feminista norte-americana, 1860-1935) queria transformar a culinária numa atividade "científica": na prática, eliminá-la da vida da maioria das pessoas, enquanto profissionais que trabalhassem em fábricas produtoras de refeições manteriam os níveis energéticos do mundo trabalhador.

Conforme Kopp (1990, p. 88), a Revolução Comunista de 1917, na Rússia, criou

> "novas famílias", baseadas na igualdade entre homens e mulheres. Surgem então as "comunidades". O desejo de "viver de outra maneira", de modo aberto e socialmente mais rico é uma delas. A vontade de escapar, em parte, às dificuldades da vida material através da ajuda mútua é outra. O desejo, ou melhor, a necessidade de permitir que as mulheres trabalhem na produção é a terceira.

Continua ainda Kopp (*ibid.*, 89), afirmando que:

> Todas as comunidades socializaram um certo número de funções que até então faziam parte da vida cotidiana da família: a cozinha é feita para o conjunto do grupo por uma equipe constituída dentro do coletivo

e por um período de tempo determinado. Depois desse período, outra equipe assumirá essa tarefa, para a qual tanto homens como mulheres são designados indiferentemente. As refeições são feitas em conjunto. Não se trata apenas de uma questão de comodidade, mas, sobretudo, de uma vontade deliberada de quebrar hábitos individualistas, tornando possíveis contatos e trocas sociais entre os membros da coletividade. Em certas comunidades, as regras internas obrigam a que os membros de uma mesa na sala de refeições não sejam sempre os mesmos.

A diferença entre os antigos apartamentos da pequena burguesia, que eram divididos entre várias famílias com cozinhas e sanitários em comum, e as novas habitações destinadas às comunidades é que estas eram relativamente mais confortáveis do que os apartamentos, possuindo cozinha e sala de jantar amplas, claras e arejadas.

A partir de meados dos anos 1920, a experiência das comunidades serviu de base para o projeto de arquitetos que buscavam, segundo diziam, um hábitat adaptado ao socialismo. Assim, a integração dos problemas sociais à arquitetura e ao urbanismo constituiu a principal originalidade dos arquitetos construtivistas.

Conjuntos habitacionais construídos em algumas cidades da antiga União das Repúblicas Socialistas Soviéticas (fundada em 1922 – extinta em 1991) não atenderam aos novos anseios sociais. A população ergueu-se contra o hábitat tradicional e o apartamento unifamiliar, pedindo um novo tipo de habitação baseada em duas principais reivindicações: locais de uso comum para repouso e a supressão das cozinhas individuais, com sua substituição por uma cozinha comum para o preparo da refeição para toda a coletividade.

Para que esse anseio fosse atendido, lançou-se na época um concurso pela revista *SA* cujo título era: "As novas formas de habitação contemporânea". Nascia, então, um novo tipo de habitação: a residência comunal, organizada com vistas a socializar o modo de vida dos trabalhadores.

A célula habitacional, que seria o local para dormir, repousar e produzir parte do trabalho intelectual, deveria ser projetada para no máximo duas pessoas. Outros locais deveriam ser planejados para outras funções.

Os estatutos elaborados pelo *Centraljylstroi* previam, entre outras coisas, que as pessoas que se mudassem para uma residência comunal deviam se comprometer a não levar para ela seus velhos móveis, nem elementos que não correspondessem às condições de vida nessas residências (utensílios individuais de cozinha, objetos anti-higiênicos, etc.).

Lunatcharski (*apud* Kopp, 1990, p. 93), comissário do povo para a instrução pública de Lênin, dizia sobre as residências comunais:

> A revolução visa fazer com que todos os homens sejam irmãos [...]. Ela deseja construir grandes residências nas quais a cozinha, a sala de jantar, a lavanderia, a creche, o clube, são concebidos de acordo com os mais recentes avanços da ciência e (nas quais esses equipamentos) servirão todos os habitantes da Residência Comunal, alojados em quartos agradáveis, limpos e servidos por água e eletricidade.

Surgiu também um novo equipamento de bairro nos anos 1920: a *Fabrika-Kukhnya*, a fábrica-cozinha. A função das fábricas-cozinha era produzir refeições para serem entregues nos locais de trabalho. As refeições podiam ser levadas para casa ou consumidas no local. Outra razão, nesse caso militar, para a criação da fábrica-cozinha, era a escassez constante de produtos alimentícios. A centralização da preparação dos alimentos podia ser uma fonte de economia, pensava-se na época, segundo Kopp (*ibid.*, p. 95).

Afirma esse autor (*ibidem*):

> Arquitetonicamente, a fábrica-cozinha era um equipamento inteiramente novo. O tratamento que lhe deram os arquitetos seguia formas emprestadas à arquitetura industrial: galpões, grandes divisórias envidraçadas, formas simples, planos estudados com base em diagramas de produção e de circulação dos produtos nas cadeias de preparação, etc. Mas os arquitetos frequentemente buscaram também o efeito grandioso destinado a reforçar o valor simbólico desse equipamento, elo importante, segundo eles, no processo de reconstrução do modo de vida.

Nos jornais e revistas, vários artigos exaltavam o papel socialmente transformador das fábricas-cozinha; até poemas lhes eram dedicados:

Do belo país dos Sovietes
Quem deterá o impulso?
Fábrica de refeições
É a ponte luminosa para o futuro[8]

O papel da escola

A escola é uma tradição que remonta ao século XII, na Europa, época em que, pela primeira vez, reservou-se um edifício para o fim exclusivo de reunir crianças para receber ensinamentos de um mestre. Sua criação foi motivada pela necessidade de formar pessoas habilitadas a entender e cuidar das operações comerciais e bancárias que retomavam seu crescimento.

Até o século XIX, apenas uma pequena parte da população infantil tinha acesso à educação. Os poucos privilegiados que podiam frequentar uma escola ficavam em albergues mantidos pelos próprios estudantes, por doações ou pela própria escola. Desse modo, garantiam-se alimentação e alojamento para a população estudantil. Dessa iniciativa surgiram posteriormente clubes, irmandades e fraternidades estudantis que perduram até nossos dias, destaca Walker (2002, p. 16).

Durante a Revolução Industrial, por décadas, as recém-criadas indústrias empregaram mão de obra infantil, muito mais barata do que a dos adultos, havendo um contingente enorme de crianças pequenas que trabalhavam em turnos tão pesados quanto os dos adultos. Quando o trabalho infantil foi proibido, o número de crianças nas escolas aumentou consideravelmente, e a necessidade de alimentação nesses estabelecimentos transformou-se num problema.

---

[8] S. Tchelnokov, "Nous détruisons l'ancien mode de vie", em *Rabotchiikrai*, nº 72, 1925, *apud* Anatole Koop, *Quando o moderno não era um estilo e sim uma causa* (São Paulo: Edusp/Nobel, 1990), p. 95.

Walker (*ibidem*) relata que:

> As cantinas para estudantes de curso primário começaram na França em 1849. Em 1865, o famoso escritor francês Victor Hugo inaugurou a merenda escolar na Inglaterra, distribuindo lanches quentes em sua casa para os alunos de uma escola da vizinhança. Em 1853, a Children's Aid Society (Sociedade de Apoio à Criança), de Nova York, abriu uma escola industrial que fornecia comida para todos os seus alunos.

Décadas mais tarde, a preocupação com a nutrição infantil levou ao desenvolvimento de programas de instalação de refeitórios escolares em diversos centros urbanos. Esses serviços também acabaram por ser disponibilizados na zona rural por meio de programas estatais de extensão, associações de pais e mestres e outras organizações.

Na União Soviética, publicações do Instituto Contemporâneo de Estudos Russos da Universidade de Fordham, referentes ao planejamento econômico geral da URSS (1959-1965), destacaram a importância da atividade científica no campo da nutrição. Ornellas (2003, p. 128) comenta que se determinou a estratégia de um plano que visava:

> [...] incrementar a fundação de cozinhas comunitárias, para libertar a mulher de tarefas não produtivas no lar, que só embrutecem, e recomendar a melhora da alimentação escolar e a administração de refeições quentes em, praticamente, todas as escolas. Uma delegação do Ministério de Comércio da URSS foi enviada a outros países para observar as práticas de alimentação escolar, com vistas a melhorar suas próprias instalações.

O capitalismo conseguiu fazer o que o socialismo não foi capaz. A culinária rendeu-se à chamada conveniência. Os pontos de alimentação imaginados por Edward Bellamy se concretizaram, porém como pontos de *fast-food* fornecidos por empresas privadas, e a comida que servem é uma alimentação padronizada e uniforme.

Assim, nos Estados Unidos, os cozinheiros antevistos por Perkins são encontrados nas fábricas de alimentos processados, enchendo embalagens descartáveis. Essa nova maneira de se alimentar inverteu a revolução culinária que transformou a alimentação em um ato sociável e ameaça nos fazer retroceder para uma fase de evolução pré-social.

No decorrer do século XX, os americanos passaram a procurar cada vez mais as refeições do tipo *fast-food* e *self-service* e também restaurantes que oferecem massas e pizzas. Cadeias de restaurantes como McDonald's e Pizza Hut experimentaram um enorme crescimento e se espalharam pelo mundo todo. Assim, a alimentação fora de casa passou a ser incorporada à vida dos americanos.

As grandes redes de alimentação

Em 1937, na Califórnia, os irmãos Richard e Maurice McDonald inauguraram o primeiro *drive-in*, local que possibilita o acesso à comida sem que o cliente saia do carro. A inovação propagou o conceito de refeição rápida e completa servida em apenas quinze segundos. No início, o cliente pagava pelo pedido e o consumia no carro ou no próprio local.

Em 1948, os irmãos renovaram a empresa com a intenção de atingir as famílias operárias. Centralizaram seu produto no hambúrguer, produzido a baixo custo e de forma extremamente rápida. Eliminaram os talheres e os pratos, substituindo-os por embalagens de papelão e sacos de papel. A limpeza tornou-se fator determinante: os clientes podiam verificar o estado impecável da cozinha e do aço inoxidável que brilhava por todo lado, descrevem Fischler e Dorf (1992, p. 25).

Carneiro (2003, p. 106-107) considera o *fast-food* um exemplo típico da "[...] aplicação do taylorismo, ou seja, da divisão e racionalização do trabalho, à preparação de refeições servidas em restaurante, provocando um fenômeno de produção e consumo em série, homogeneizante e padronizante, já chamado de 'gastroanomia'".

Carneiro (*ibid.*, p. 19) ressalta ainda que os restaurantes passaram a "ser analisados como espaços simbólicos, caracterizados como 'teatros de comer' e estratificados em torno de posições sociais tanto quanto de cardápios específicos".

Apesar de sua tradição gastronômica, a França incorporou rapidamente o conceito de refeição rápida originado nos Estados Unidos, com a diferença de que as refeições eram servidas em balcões, pois, além de mais baratas, eram mais rápidas do que as dos restaurantes, atendendo assim à exigência da vida do pós-guerra. O consumo de *snacks* também foi prontamente adotado pelos europeus nos anos 1930.

Carneiro (*ibidem*) ressalta as transformações sociais envolvidas nesse novo tipo de refeição:

> O fim das refeições em família leva à erosão do próprio conceito de "refeição" numa sociedade em que nas casas vigora o império dos micro-ondas e no trabalho, na rua ou na diversão expandem-se as práticas da "alimentação rápida", de beliscar petiscos e lanches em "lanchonetes", fenômeno que surge na fronteira difusa entre os bares e restaurantes e que simboliza esta nova relação com os horários e os rituais da comida.

A distância entre a casa e o local de trabalho, bem como a dessacralização da refeição em família na sociedade pós-industrial fez com que os sistemas de *fast-food* proliferassem. Surgiu assim o conceito da *McDonaldização*, que estabeleceu a necessidade de maximização da produtividade em todos os setores, não só no alimentício, objetivo que passou a ser perseguido em todos os âmbitos da atividade humana. No ramo alimentar, esse fenômeno gerou a desritualização da refeição, simplificou e unificou processos culinários e a distribuição dos alimentos, generalizou as refeições domésticas e ainda substituiu pratos, talheres, copos e baixelas, utensílios tradicionais, por objetos descartáveis, ou até mesmo os dispensaram, com a chamada *finger food*.[9]

Casotti (2002, p. 30) relata que, na opinião dos autores Ferguson e Zukin,

> a grande promoção recente dos alimentos está associada ao ato de "comer fora" de casa. O grande desenvolvimento da indústria de

---

[9] Alimentos que são levados à boca com os dedos nas redes de *fast-food*, como batatas fritas e *nuggets*.

> restaurantes refletiria não apenas o crescimento de um mercado de consumo de massa com comidas padronizadas, do tipo McDonald's, como também o crescimento de experiências individuais e sofisticadas.

Uma pesquisa realizada no Reino Unido por Warde e Martens, no ano 2000, teve o objetivo de entender o significado que o "comer fora" tinha para as pessoas. Os pesquisadores observaram especialmente estas associações, conforme Casotti (*ibid.*, pp. 33-34):

- Economia de trabalho: comida preparada e servida por outros.
- Algo especial, que pode estar relacionado com o que, onde e com que frequência se come.
- Ritual ou organização da refeição: mesa, menu, tempo gasto e quantidade de comida.
- Pagamento envolvido: a refeição paga, a situação comercial.
- Espaço social de separação da atmosfera doméstica.

Para Beardsworth e Keil o jantar fora pode ser visto também como uma convergência entre o lado privado e pessoal e o público e social, quando tratamos de seus valores, como autoindulgência, prazer, entretenimento, atmosfera e ambiente diferenciado, escreve Casotti (*ibid.*, p. 34).

Para Krell, um crítico em relação ao grande crescimento dos restaurantes de *fast-food*, as pessoas saem para comer para se olharem; seria um ato de Narciso, uma perversão da casa e da cozinha.

Segundo a pesquisa de Warde e Martens, as principais razões para se "comer fora" estão associadas ao prazer (fazer algo diferente, comemorações, gostar de comer), ao descanso (relaxar e descansar da cozinha) e à necessidade (fome, estar longe de casa, obrigação social), afirma Casotti (*ibid.*, p. 35).

Para Joe Baum, criador, em 1959, do *Four Seasons*, o primeiro restaurante norte-americano não planejado no estilo francês, as pessoas vão aos restaurantes "para estarem juntas e ligadas umas às outras. Restaurantes existem para dar prazer, e a medida de seu sucesso consiste no maior ou menor grau de satisfação que oferecem a essa finalidade primordial", cita Walker (2002, p. 18).

Toda essa racionalização, industrialização e funcionalização da alimentação começam também a trazer consequências negativas, como contaminação do meio ambiente com embalagens e garrafas plásticas, uso de produtos químicos e padronização dos paladares alimentares, entre outras.

Tornou-se uma difícil tarefa saber como será a cozinha nos anos vindouros; podemos apenas fazer algumas suposições baseadas na história atual que, provavelmente, terão grandes chances de se concretizar.

A crescente demanda do mercado de alimentação, aliada a maiores exigências do público consumidor, tem solicitado do empreendedor que deseja investir no setor uma postura profissional, deixando de lado os improvisos.

Cozinhas profissionais: conceitos teóricos e condicionantes

Planejamento e projeto

> Planejamento é a definição de um futuro desejado e de meios efetivos para alcançá-lo.
> Russell L. Ackoff[1]

O projeto de uma cozinha profissional deve ser desenvolvido, desde o início, de modo integrado com todos os fluxos concebidos no projeto de arquitetura para que ela não se torne uma área desconexa. Harmonia e integração dos espaços são cuidados fundamentais que devem ser observados no momento do projeto, buscando-se sempre maior eficiência e segurança.

A Lei nº 11.617, de 13 de julho de 1994, estabeleceu a obrigatoriedade de as cozinhas e outras dependências de restaurantes, hotéis e similares sediados no Município de São Paulo serem franqueadas à

[1] Russell L. Ackoff, *Planejamento empresarial*. Trad. Marco Túlio de Freitas (Rio de Janeiro: Livros Técnicos e Científicos, 1976), *apud* Iracema de Barros Mezomo, *Os serviços de alimentação: planejamento e administração* (5ª ed. São Paulo: Manole, 2002), p. 85.

inspeção do consumidor. O Decreto nº 34.557, de 28 de setembro de 1994, regulamentou essa lei e, atualmente, quase todo o Brasil segue essa conduta.

Assim, esse é mais um motivo que justifica a contratação de profissionais especializados para a elaboração do projeto de uma cozinha profissional, uma vez que garante uma consultoria imparcial, que adotará melhores soluções técnicas e econômicas, além de uma visão global das especificações, desenhos e planos de investimentos.

O planejamento físico de um serviço profissional de alimentação deve ser realizado por uma equipe multiprofissional que inclua arquitetos, engenheiros, nutricionistas, chefes de cozinha e outros, de maneira a detalhar desde o projeto, a instalação, a aquisição de equipamentos e a organização até a implantação do serviço.

Cada espaço deve ser concebido levando-se em conta, além da área necessária, a relação entre a utilização e a disposição lógica dos equipamentos. Para isso, os projetos de cozinhas profissionais devem apresentar:

- **FLEXIBILIDADE E MODULARIDADE:** utilizar equipamentos e mobiliários modulares com medidas compatíveis entre si, construídos sobre pés ou rodas que facilitem a remoção e a limpeza, além de atender as mudanças de cardápio ou a implantação de novos processos de trabalho. Devem-se evitar tampos sobre muretas de alvenaria, que inviabilizam qualquer alteração de *layout*;
- **CIRCULAÇÃO E FLUXOS BEM DEFINIDOS:** projetar espaços levando-se em consideração os fluxos determinantes, a fim de se evitar a contaminação cruzada dos alimentos por bactérias nocivas à saúde como consequência de deslocamentos desnecessários;
- **ESPAÇOS QUE FACILITEM A SUPERVISÃO E A INTEGRAÇÃO:** aplicação do princípio de projeto "aberto". A utilização de meia parede, com altura entre 1,10 m e 1,20 m, permite definir espaços e fixar equipamentos.

Uma série de fatores influencia o planejamento e o projeto do serviço de alimentação, entre os quais destacam-se:

- número de refeições diárias por tipo de refeição: desjejum, almoço, jantar, ceia e lanche;
- número e tipo de população aos quais a refeição se destina;
- tipo de cardápio;
- tipos de instalações que serão utilizadas: gás, eletricidade, água e esgoto;
- nível de habilidade da mão de obra a ser contratada;
- capital a ser investido;
- localização física do projeto;
- localização territorial: tipo de região;
- utilização de produtos pré-processados;
- tipos de equipamentos a serem adquiridos;
- legislação em vigor;
- finalidades multiúso para o espaço.

Etapas da elaboração do projeto

Para a elaboração do projeto, Silva Filho (1996, pp. 19-20) destaca as seguintes etapas:

ESTUDO PRELIMINAR

Após o levantamento da área disponível, para o qual são levadas em conta as análises dos aspectos construtivos da edificação, como infraestrutura, ventilação, iluminação, tipos de energia, esgoto, etc., é feita, com o empreendedor, uma coleta de dados referentes ao tipo de serviço que se deseja implantar, expectativas a curto, médio e longo prazos, considerando-se o público-alvo, quantidade estimada de refeições por turno, verbas disponíveis, etc. A partir desse momento, é elaborado o estudo preliminar que define os fluxos e os equipamentos necessários.

Nessa etapa, são realizados os pré-dimensionamentos das áreas que irão compor o projeto, criando-se um *layout* do fluxograma operacional. No caso de reforma, deve-se proceder a um diagnóstico da área e dos equipamentos por meio de uma análise quantitativa da situação existente.

DIMENSIONAMENTO DO SISTEMA

Após a conclusão do estudo preliminar, é feita a setorização das estações de trabalho com o cálculo de áreas e da capacidade de equipamentos para atender a demanda prevista.

SELEÇÃO DE EQUIPAMENTOS

Com base em critérios de qualidade e especificações técnicas, definem-se a quantidade e os tipos de equipamentos necessários.

PLANTA DE PONTOS

Com a determinação dos tipos de equipamentos, são definidos os pontos nos quais eles serão utilizados, assim como sua demanda de água quente e fria, energia elétrica, gás, vapor, esgoto; são também dimensionados a casa de compressores, o sistema de exaustão, a central térmica de vapor e o local para o gás.

MEMORIAL DESCRITIVO

Nessa fase, descreve-se objetivamente todo o procedimento adotado para o projeto, para que os outros profissionais envolvidos possam desenvolver os itens restantes, devendo-se também unificar o processo de concorrência de preços para a cotação de serviços e de equipamentos.

PROJETO EXECUTIVO

O desenvolvimento de todos os projetos para a execução da obra, tomando-se por base todas as informações anteriores:

- planta baixa em que conste a cozinha com todas as suas áreas de preparo, armazenamento, consumo, etc.;
- *layout* dos equipamentos distribuídos nas diversas áreas;
- planilha com a descrição dos equipamentos, dimensões, capacidades e consumos;
- planta de pontos técnicos;
- planta de cortes, de elevações e de detalhes de cada área;
- projetos complementares: câmaras frigoríficas, sistema de exaustão e ventilação, ar-condicionado, sistema elétrico e luminotécnico, água e esgoto, gás, etc.;
- cronograma físico-financeiro da obra.

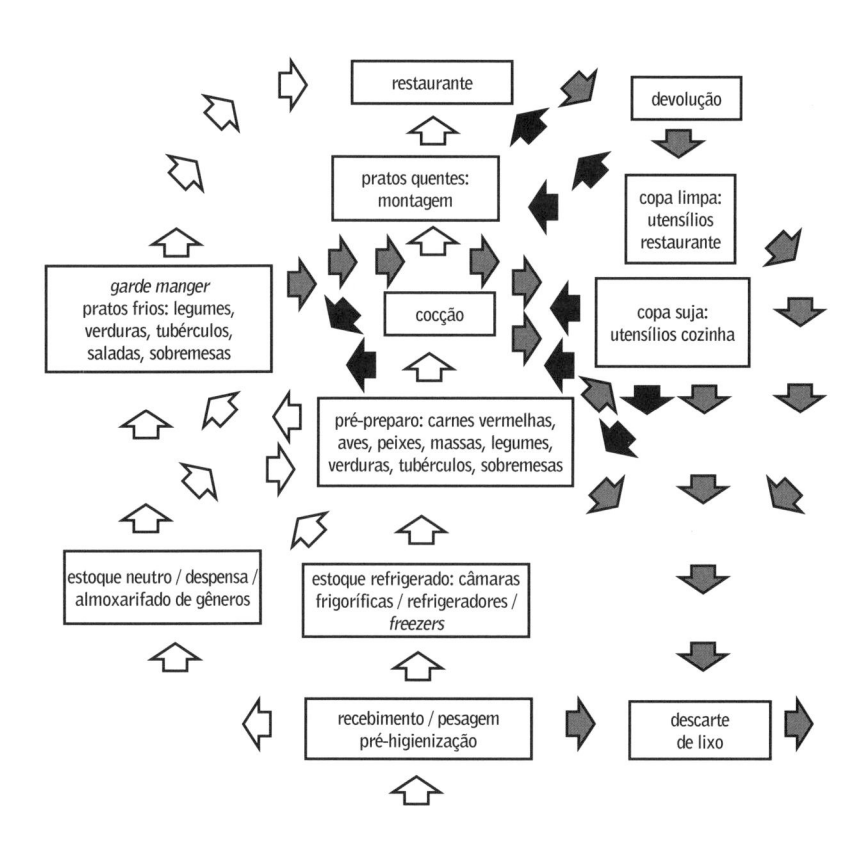

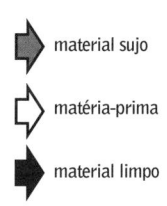

material sujo

matéria-prima

material limpo

FLUXOGRAMA 1: MARCHA AVANTE.
Adaptado de Edeli S. de Abreu, Mônica Glória Neumann Spinelli e Ana Maria Pinto Zanardi. *Gestão de unidades de alimentação: um modo de fazer*. São Paulo: Metha, 2003.

O dimensionamento da área de preparo, cocção e distribuição de um serviço de alimentação sempre é calculado pelo número máximo de refeições servidas no período de pico. Por exemplo, se um serviço de alimentação fornece 300 refeições/dia, sendo 200 refeições no almoço e 100 refeições no jantar, o projeto deve ser dimensionado para 200 refeições. O dimensionamento das áreas de estocagem fria e neutra deverá ser feito pelo número total de refeições no dia, na semana, na quinzena ou no mês, conforme a política de compras. O dimensionamento da área de armazenamento de lixo deverá ser estabelecido conforme o cronograma de retirada dos detritos estabelecido pela concessionária pública ou firmado por meio de contrato com empresa particular.

Depois que as diretrizes do projeto foram determinadas pelo empreendedor ou pela instituição, em uma segunda fase serão verificadas as atividades das pessoas, ou seja, a função de cada um a ser implantada. Com base nesses elementos, têm-se as condições para estabelecer a forma dos espaços que irão compor o projeto, avaliando-se sua viabilidade.

Conforme Lemos (*apud* Silva Filho, 1996, p. 21), "o programa de necessidades compõe um rol de determinações e de expectativas que o interessado espera que sejam satisfeitas, almejando que venha a ser o novo edifício capaz, então, de exercer a função a que foi destinado".

O estudo dos diversos fluxos é fundamental no processo de criação e planejamento de uma cozinha profissional, pois propicia um maior isolamento das áreas de trabalho e agilização das tarefas.

As áreas de preparo dos alimentos devem estar dispostas de modo a possibilitar um fluxo linear, sem o cruzamento de atividades entre os vários gêneros alimentícios.

Kinton, Ceserani e Foskett (1999, p. 401) destacam que, no momento do projeto, devem ser considerados dois importantes fluxos:

- **FLUXO DOS PRODUTOS:** os alimentos de alto risco, que durante o processo têm maior probabilidade de serem contaminados, como a carne bovina crua e os alimentos contaminados, aqueles que já estavam contaminados desde sua chegada – por exemplo, vegetais crus devem ter fluxos diferentes a fim de se evitar a contaminação cruzada;

- **FLUXO DO TRABALHO:** as áreas de preparação dos alimentos devem ser projetadas de forma que o alimento seja processado com o mínimo de obstrução desde o ponto do recebimento até o ponto de venda ou serviços. Os vários processos devem estar resguardados entre si, e os alimentos que serão servidos não devem cruzar com os alimentos rejeitados ou o lixo.

O projeto coerente nos diversos fluxos propicia a redução do tempo de deslocamento dos funcionários na cozinha, a máxima utilização do espaço, a diminuição do consumo de produtos para higienização das áreas e a máxima utilização dos equipamentos, com redução de tempo e esforço.

Abreu, Spinelli e Zanardi (2003) definem o conceito de *marcha avante*: "desde a recepção, estocagem e preparação até a distribuição, a circulação dos produtos é estudada de modo a evitar que um circuito próprio se cruze com um circuito impróprio".

Já existe base legal definida para os projetos de serviços profissionais de alimentação. Na esfera internacional, há o *Codex Alimentarius – Draft Codex of Hygienic Pratics for Pre-Cooked and Cooked Foods in Mass Catering*, código alimentar divulgado pela Organização das Nações Unidas para Alimentação e Agricultura (FAO), em 1993, sendo no Brasil publicado em 2006. No território nacional, empregam-se: na escala federal, a RDC nº 216, de 15 de setembro de 2004, da Anvisa; no estado de São Paulo, a Portaria CVS nº 5, de 19 de abril de 2013; e, no município de São Paulo, a Portaria nº 2.619, de 6 de dezembro de 2011.

Os três textos são bastante semelhantes em diversos aspectos e servem de complemento para a realização de projetos mais eficientes e funcionais de acordo com as legislações.

Recomenda-se também a consulta às Normas Regulamentadoras do Ministério do Trabalho nᵒˢ 8, 17, 23 e 24, à ABNT NBR 9050, de 3 de agosto de 2020, que trata da acessibilidade a edificações, mobiliário, espaços e equipamentos urbanos para pessoas com deficiência, como também às Instruções Técnicas (IT) do Corpo de Bombeiros de cada estado da União.

Implantação

O edifício onde será implantado o serviço de alimentação deve estar localizado em área com arredores pavimentados e que não ofereçam riscos às condições gerais de higiene e de sanidade, livre de focos de insalubridade.

O *Codex Alimentarius*, na Seção IV – (A), estabelece:

- **LOCALIZAÇÃO:** o estabelecimento deve ficar preferencialmente localizado em áreas que estejam livres de odores, fumaças e poeiras indesejáveis, assim como de outros elementos contaminadores, e que não estejam sujeitas à possibilidade de inundação.

- **VIAS DE TRÁFEGO E CAMINHOS USADOS PARA O MOVIMENTO DE VEÍCULOS:** as vias de tráfego e caminhos que servem ao estabelecimento, que estejam dentro dos limites de suas fronteiras ou em sua vizinhança imediata, devem conter uma superfície pavimentada com material rígido, adequado ao tráfego de veículos. Deve haver uma drenagem apropriada e sua construção deve prever a possibilidade de limpeza frequente.

A RDC nº 216 estabelece no item 4.1.7 que:

> As áreas internas e externas do estabelecimento devem estar livres de objetos em desuso ou estranhos ao ambiente, não sendo permitida a presença de animais.

A implantação da cozinha deve prever que suas aberturas fiquem voltadas para a face sul do terreno (no caso do hemisfério Sul), pois dessa forma a iluminação ocorrerá sem a incidência direta de raios solares, a qual aumenta a temperatura interna do ambiente, criando desconforto para o trabalhador.

Marchezetti (2002, p. 104) destaca:

> O serviço de alimentação deve preferencialmente estar localizado no pavimento térreo, a fim de proporcionar um melhor acesso externo para o abastecimento, iluminação e ventilação naturais. Quando não houver esta possibilidade, deve-se instalar elevadores ou monta-cargas específicos.

[...] A localização térrea facilita o acesso de fornecedores, remoção do lixo, redução nos custos de implantação e manutenção, por dispensar instalação de elevadores e tubulações externas de vapor, água, energia, etc.

Edificação

O *Codex Alimentarius*, na Seção IV – (A), estabelece que:

- Os prédios e instalações devem ser construídos solidamente e mantidos sempre em bom estado de conservação. Nenhum dos materiais empregados na construção deve transmitir qualquer substância indesejável aos alimentos.
- Deve ser deixado espaço adequado para o trabalho, permitindo a satisfatória realização de todas as operações.
- Os prédios e instalações devem ser projetados de maneira a permitir uma limpeza fácil e apropriada, facilitar a manutenção adequada das condições de higiene.
- Os prédios e instalações devem ser projetados de modo a evitar a entrada e a infestação de pragas, assim como a entrada de elementos contaminadores do ambiente, como fumaça, poeira, etc.
- Os prédios e instalações devem ser projetados de maneira a permitir a separação, por meio de divisões ou outros meios eficazes, entre os diferentes tipos de operações que possam levar à contaminação cruzada.
- Os prédios e instalações devem ser projetados para facilitar operações higiênicas por meio de um fluxo controlado e regulado no processamento, desde o recebimento de gêneros crus no local até se chegar ao produto acabado, e permitir a manutenção da temperatura apropriada para o processamento e os produtos.
- Deve ser evitado o uso de materiais que não podem ser adequadamente limpos e desinfetados, como a madeira, a menos que seu emprego não represente uma fonte de contaminação.

A RDC nº 216 estabelece nos itens 4.1.1 e 4.1.2 que:

- A edificação e as instalações devem ser projetadas de forma a possibilitar um fluxo ordenado e sem cruzamentos em todas as etapas da preparação de alimentos e a facilitar as operações de manutenção, limpeza e, quando for o caso, desinfecção. O acesso às instalações deve ser controlado e independente, não comum a outros usos.

- O dimensionamento da edificação e das instalações deve ser compatível com todas as operações. Deve existir separação entre as diferentes atividades por meios físicos ou por outros meios eficazes de forma a se evitar a contaminação cruzada.

Conforme a dimensão do projeto, as áreas de circulação devem ter no mínimo 1,00 m de largura. Não deverão existir degraus, mas rampas com pisos antiderrapantes.

Quando não houver possibilidade de separação entre as diversas áreas, deve ser projetado, no mínimo, um local reservado ao pré-preparo (para manuseio de produtos crus) e um local para preparo final (produção quente e produção fria), além de áreas de retorno e lavagem de bandejas e utensílios sujos vindos da área de consumo, evitando-se a contaminação cruzada.

Circulação

Conforme Silva (1998, p. 75), a criação de espaços mais eficientes está associada a uma boa área de circulação e à determinação de áreas apropriadas para os equipamentos e utensílios.

O espaço de circulação relaciona-se diretamente com os fluxos, interferindo na eficiência, na segurança e na quantidade de movimentos e de passos dados pelos funcionários e pelos usuários.

O trabalho em cozinhas profissionais requer o transporte de um grande número de produtos, objetos, equipamentos, bandejas, etc. entre as áreas, por meio de carrinhos, que também requerem espaços de circulação bem estudados.

Os irmãos McDonald's, na década de 1950, introduziram um novo conceito para serviços de alimentação, baseado nas teorias de Henry Ford, que levava em conta, entre outros, os aspectos de circulação. A diminuição do tamanho das cozinhas e a simplificação do processo de trabalho e do planejamento espacial eliminaram operações desnecessárias, reduzindo os espaços de circulação e o tempo das tarefas.

Ainda de acordo com Silva (*ibid.*, p. 76), "para simplificar as operações, é necessário verificar a inter-relação das diversas operações, relacioná-las e ordená-las".

Segundo Birchfield e Sparrowe (2003, p. 128), o espaço que um trabalhador individual precisa é influenciado:

- pelo número de pessoas que trabalham no mesmo espaço;
- pela quantidade e pelo tipo de equipamento;
- pelos espaços necessários, levando-se em conta o porte dos equipamentos;
- pelo tipo de alimento que está sendo preparado;
- pelo espaço necessário para a estocagem.

Ergonomia

Outro importante fator a ser abordado no projeto para serviços profissionais de alimentação são as questões ergonômicas, em razão da intensidade e da complexidade dos trabalhos realizados, para que seja assegurado o conforto dos funcionários e dos usuários.

Durante todas as fases de planejamento e de elaboração, o projeto requer estudos sistemáticos sobre ventilação, iluminação, acústica, etc. Os equipamentos, mobiliários, etc., por serem utilizados por pessoas de sexo, idade e estatura diferentes, também requerem atenção quanto à altura e à estrutura.

O projeto deve contemplar as diretrizes da Norma Regulamentadora nº 7 do Ministério do Trabalho, que prevê o Programa de Controle Médico de Saúde Ocupacional (PCMSO) e a Norma Regulamentadora nº 17, sobre ergonomia.

Para se cumprirem as exigências dessas normas, algumas medidas podem ser tomadas, como:

- o dimensionamento dos equipamentos e dos mobiliários deve assegurar a perfeita adaptação às dimensões corporais do manipulador;
- a empresa deve disponibilizar assentos adequados para a realização de tarefas que possam ser executadas na posição sentada;
- alterações no processo e na organização do trabalho: modificações que visem a diminuição da sobrecarga muscular

gerada por gestos e esforços repetitivos, mecanizando ou automatizando o processo, reduzindo o ritmo de trabalho e as exigências de tempo, diversificando as tarefas;

- adequação de equipamentos, máquinas, mobiliários, dispositivos, equipamentos e ferramentas de trabalho às características fisiológicas do trabalhador, de modo a se reduzir a intensidade dos esforços aplicados e se corrigirem posturas desfavoráveis na realização de gestos e esforços repetitivos;
- treinamentos e exercícios posturais ergonômicos.

Iluminação

A iluminação utilizada adequadamente evita doenças visuais, aumenta a eficiência do trabalho e diminui o número de acidentes.

O *Codex Alimentarius*, na Seção IV – (A), no item 4.3.18, estabelece que:

> Deve-se contar com iluminação natural ou artificial adequada em todo o estabelecimento. Sempre que se considerar apropriado, o sistema de iluminação não deve alterar as cores naturais. [...] As lâmpadas e instalações de iluminação suspensa sobre os produtos alimentícios, em qualquer dos estágios de produção, devem ser do tipo seguro e devidamente protegido, para evitar a possibilidade de contaminação dos alimentos em caso de quebra.

Nas áreas de refeitório, a iluminação difusa torna o ambiente mais aconchegante, mas, na área de cocção, a iluminação mais intensa contribui para a higiene e para a segurança.

A RDC nº 216 estabelece em seu anexo único que:

> A iluminação da área de preparação deve proporcionar a visualização de forma que as atividades sejam realizadas sem comprometer a higiene e as características sensoriais dos alimentos. As luminárias localizadas sobre a área de preparação dos alimentos devem ser apropriadas e estar protegidas contra explosões e quedas acidentais.

As coifas e dutos da área de cocção acabam muitas vezes bloqueando a passagem da luz natural e criando sombras. A combinação com a luz artificial reduz essas zonas e propicia um espaço mais agradável.

As bancadas de trabalho devem possuir iluminação própria e direta, principalmente aquelas destinadas à higienização e ao corte de alimentos, garantindo maior segurança e eficiência das tarefas.

Nas cozinhas profissionais, geralmente há um grande número de superfícies refletoras de luz, como o aço inoxidável, o vidro, etc.; assim, o projeto de luminotécnica deve levar em conta a definição do tipo de iluminação e a localização dos pontos de luz.

As janelas deverão estar dispostas de maneira a não permitirem a incidência direta do sol sobre a superfície de trabalho. Conforme ressaltado anteriormente, o projeto deve procurar localizá-las, de preferência, no lado sul da edificação, pois assim será possível controlar a entrada de raios solares, o que aumenta o conforto térmico do ambiente.

Lawson (*apud* Silva, 1998, p. 97) observa que "embora a iluminação natural seja benéfica psicologicamente, o excesso de aberturas ou mesmo as grandes janelas podem permitir a entrada excessiva de calor solar".

Segundo Silva (*ibidem*), "a iluminação artificial complementa a natural, sendo possível dirigir o foco de luz e obter uma iluminação constante, eliminando-se assim as variações da iluminação natural".

As lâmpadas mais indicadas para a cozinha profissional são as fluorescentes e as de LED, pois distribuem uniformemente a iluminação nos ambientes, proporcionam conforto, não produzem calor e ainda produzem menos deslumbramento e concentração de brilho.

As luminárias devem ser resistentes à corrosão e ter proteção especial contra o vapor de água, sendo as blindadas as mais adequadas. Atualmente, as luminárias de lâmpadas de LED que garantem economia de energia e maior durabilidade em relação às luminárias de lâmpadas fluorescentes, também podem ser usadas em cozinhas profissionais.

Deve-se ressaltar que a iluminação projetada de forma adequada proporciona uma boa limpeza das instalações e uma clara inspeção dos alimentos, tanto na recepção quanto na produção.

Acústica

O nível de ruído em uma cozinha profissional tende a ser alto, em razão da quantidade de máquinas, dos sistemas de exaustão, da manipulação de utensílios, do uso da água, do vapor, da ressonância nas superfícies inoxidáveis, etc. A altura do pé-direito e a existência de superfícies duras e não absorventes potencializam os problemas de acústica.

Para que os funcionários não se fatiguem e se irritem demasiadamente na longa permanência em ambiente com ruídos acima dos toleráveis, deve-se procurar manter o nível de ruído em torno de 45 a 55 decibéis.

O emprego de materiais minimizadores de ruídos deve ser feito com bastante cautela, pois geralmente são compostos de materiais porosos não recomendados para cozinha profissional, que podem favorecer a infiltração de líquidos.

O cuidado com a aquisição de equipamentos certificados pelo Inmetro (Instituto Nacional de Metrologia, Normalização e Qualidade Industrial) e sua manutenção preventiva também contribuem para a diminuição de ruído dentro de uma cozinha profissional.

Sempre que possível, deve-se isolar a copa de lavagem das áreas de salão, para evitar que o barulho gerado nessa área chegue até os clientes.

Ventilação, temperatura e umidade

O *Codex Alimentarius*, na Seção IV – (A), item 4.3.19, estabelece que:

> Ventilação: deve-se contar com uma ventilação adequada para prevenir o excessivo acúmulo de calor, de condensação de vapor e de poeira e para remoção do ar viciado. A direção do fluxo de ar, dentro do estabelecimento, nunca deve ir de uma área suja para uma área limpa. As aberturas destinadas à ventilação devem ser dotadas de telas ou outro tipo de proteção, em material não corrosivo. As telas devem ser fáceis de serem removidas para limpeza. Deve ser instalado, sobre todas as unidades utilizadas para cozimento, um sistema exaustor para a

eficiente remoção da fumaça e vapores resultantes do cozimento. Nas cozinhas, o ideal é manter-se uma temperatura que não ultrapasse os 26 °C.

Conforme Kinton, Ceserani e Foskett (*ibid.*, pp. 405-406), "a atmosfera úmida cria efeitos colaterais como deterioração dos alimentos, riscos de infestação, condensação nas paredes e pisos escorregadios". A RDC nº 216, no anexo único, item 4.1.10, estabelece que:

> A ventilação deve garantir a renovação do ar e a manutenção do ambiente livre de fungos, gases, fumaça, pós, partículas em suspensão, condensação de vapores dentre outros que possam comprometer a qualidade higiênico-sanitária do alimento. O fluxo de ar não deve incidir diretamente sobre os alimentos.

Durante o processo de cocção, diversos poluentes são desprendidos dos fogões, caldeirões, fornos combinados, etc., como vapores de água, ácidos graxos, vapor gorduroso. Esses materiais devem ser retirados do ambiente e capturados por coifas, a fim de diminuir a umidade local, para não causar problemas nas instalações, impregnando tetos, pintura, luminárias e janelas, o que favorece a proliferação de bactérias que podem deteriorar os gêneros alimentícios.

Na copa de lavagem de utensílios, devem-se prever captores de vapor na entrada e na saída da máquina de lavar louças para o controle do excesso de umidade no ambiente, o qual prejudica a secagem das louças, além de criar bolores e fungos na área.

A temperatura ideal para operações em serviços de alimentação situa-se entre 22 °C e 26 °C, com umidade relativa do ar entre 50% e 60%.

Cor

Em cozinhas industriais, o branco é a cor mais adequada para tetos e paredes. Como nesses ambientes é grande a utilização de materiais e equipamentos de aço inoxidável, o branco não interfere no índice de reflexão do aço, evitando cantos e ambientes escuros. Para os pisos, as cores creme e areia favorecem o controle da sujidade, tornando-a facilmente identificável.

Piso

O *Codex Alimentarius*, na Seção IV – (A), item 4.3.7, estabelece que:

> Os pisos, sempre que necessário, devem ter material à prova d'água, não absorvente, lavável, antiderrapante, sem fendas nem rachaduras, e precisam ser de fácil limpeza e desinfecção. É necessário que os pisos tenham desnível suficiente para que os líquidos drenem naturalmente em direção às saídas dotadas de ralos.

O piso de uma cozinha industrial deve ter características especiais, como:

- suportar tráfego intenso com alta resistência a abrasão (PI 5);
- ser antiácido para suportar os agentes químicos provenientes de materiais de limpeza e alimentos;
- o rejunte do piso deverá ter características antiácidas e impermeabilizantes, pois, do contrário, pode permitir a infiltração para o substrato e causar o desprendimento e a mancha das peças;
- ser antiderrapante, por causa da presença de gorduras, óleos, água, saponáceos, detergentes, etc.;
- ser de fácil higienização;
- possuir caimento adequado direcionado para as grelhas (ou ralos), para evitar o empoçamento da água.

O piso não deve possuir defeitos, rachaduras, trincas ou buracos. Nas áreas onde é permitida a colocação de ralos, estes devem ser sifonados, a fim de não permitirem a entrada de roedores e de insetos e o retorno de odores, além de serem dotados de grelhas de aço inoxidável ou plásticas de alta resistência, com caixa para recolhimento de resíduos, que pode ser de alvenaria, de aço inoxidável removível, ou plástico de alta resistência com proteção telada e dispositivo que permita seu fechamento.

A RDC n° 216 estabelece no item 4.1.3 que:

> As instalações físicas como piso, parede e teto devem possuir revestimento liso, impermeável e lavável. Devem ser mantidos íntegros, conservados, livres de rachaduras, trincas, goteiras, vazamentos, infiltrações, bolores, descascamentos, dentre outros e não devem transmitir contaminantes aos alimentos.

Paredes e divisórias

O *Codex Alimentarius*, na Seção IV – (A), item 4.3.7, estabelece que:

> As paredes, sempre que necessário, devem ter acabamento de material à prova d'água, não absorvente e lavável, ser vedadas e livres de insetos e pintadas em cores claras até uma altura adequada para operação de processamento. Devem ser lisas e sem fendas ou rachaduras, de fácil limpeza e desinfecção. É necessário que os ângulos entre uma parede e outra, entre as paredes e os pisos, e entre as paredes e o teto sejam vedados e construídos em curva para facilitar a limpeza.

Cabe também observar que a RDC n° 50, de 21 de fevereiro de 2002, da Anvisa, estabelece para os rodapés que:

> A execução da junção entre o rodapé e o piso deve ser de tal forma que permita a limpeza do canto formado. Rodapés com arredondamento acentuado, além de serem de difícil execução ou mesmo impróprios para diversos tipos de materiais utilizados para acabamentos de pisos, pois não permitem o arredondamento, em nada facilitam o processo de limpeza local, quer seja ele feito por enceradeiras ou mesmo por rodos ou vassouras envolvidos por panos.
> Especial atenção deve ser dada à união do rodapé com a parede, de modo que os dois estejam alinhados, evitando-se o tradicional ressalto do rodapé, que permite o acúmulo de pó, de difícil limpeza.

Nos locais de maior movimentação de carros de transporte, devem--se colocar cantoneiras de alumínio ou aço inox, para a resistência do material de revestimento aumentar.

Portas e janelas

O *Codex Alimentarius*, na Seção IV – (A), item 4.3.7, estabelece que "as portas devem ser lisas, dotadas de superfícies não absorventes e, sempre que necessário, ter molas para serem mantidas na posição fechada, além de perfeitamente ajustadas às respectivas esquadrias".

A distância entre a porta e o piso não pode ser superior a 1 cm, devendo ainda ter proteção inferior, para evitar a entrada de insetos e roedores. Cortinas de ar são utilizadas geralmente nos acessos principais e nas portas de câmaras frigoríficas também para esse fim.

As portas principais de acesso ao recinto da cozinha precisam ter no mínimo 2,00 m de largura, divididas em duas folhas de 1,00 m, para permitir a entrada de equipamentos, geralmente bastante grandes, e a boa circulação de carros auxiliares, sem comprometer a segurança da área.

A largura das portas internas deve ser de, no mínimo, 1,00 m, e sua abertura deve permitir que o funcionário tenha espaço suficiente para o acesso seguro e confortável.

As portas internas devem ser equipadas com visor, para possibilitar visão do movimento e evitar acidentes no momento de circulação das pessoas, e ser do tipo vaivém.

Para a adequação das janelas, o *Codex Alimentarius*, na Seção IV – (A), item 4.3.7, estabelece que:

> As janelas e outras aberturas devem ser projetadas de modo a evitar o acúmulo de sujeira. As que abrem devem ser providas de telas à prova de insetos. As telas precisam ser de fácil remoção para limpeza e devem ser mantidas sempre em bom estado de conservação. Os peitoris internos das janelas, caso existam, devem ser feitos em desnível para jamais serem utilizados como prateleiras.

As janelas precisam estar localizadas na parte superior das paredes, para facilitar a troca de ar quente, que sobe, pelo ar frio.

Localizadas no alto, as janelas proporcionam também uma boa iluminação natural, distribuída de forma uniforme, sem gerar sombras e incidência direta de luz sobre as superfícies de trabalho, alimentos ou equipamentos mais sensíveis ao calor, como congeladores, geladeiras, câmaras frigoríficas, etc., evitando ainda correntes de ar sobre o fogão. A utilização de *brise-soleil* externo pode controlar a entrada de luz e ventilação nos ambientes.

Telhados, forros e estruturas auxiliares

O telhado deve ser preferencialmente de telhas de barro, que propiciam condições térmicas melhores para os ambientes, evitando-se, portanto, outros tipos que não possuem isolamento térmico ideal, necessitando sempre de forros como isolantes de temperatura.

Para o teto, o *Codex Alimentarius*, na Seção IV – (A), item 4.3.7, estabelece que:

> O teto deve ser projetado, construído e acabado de modo a impedir o acúmulo de sujeira e minimizar a condensação de vapores, o desenvolvimento de bolores e o descascamento, e deve ser de fácil limpeza.
>
> As escadas, elevadores e estruturas auxiliares, como plataformas, degraus e alçapões devem ser localizados e construídos de tal modo a não causar contaminação dos alimentos. Os alçapões precisam ser construídos com portas para inspeção e limpeza.

O forro pode ser de gesso ou outro material que seja isolante térmico, não condutor de chamas, apresentando boa acústica, de modo a absorver os ruídos das diversas operações realizadas na cozinha. Não deve haver trincas, rachaduras, umidade e bolor.

Entre as paredes e o forro não podem existir aberturas ou bordas que propiciem a entrada de insetos e a formação de ninhos ou a absorção de gorduras e sujeiras. Deve-se evitar o forro falso. Recomenda-se, porém, que o pé-direito tenha uma altura tal que seja de fácil higienização e proporcione boa ventilação e distribuição de luz. Assim, sugere-se para:

- **COZINHAS DE GRANDE PRODUÇÃO:** pé-direito entre 3,60 m e 4,50 m;
- **COZINHAS DE PEQUENO A MÉDIO PORTE:** pé-direito entre 3,00 m e 3,60 m;
- **DESPENSAS, CIRCULAÇÕES, ÁREAS ADMINISTRATIVAS, ETC.:** pé--direito de 3,00 m.

Instalações

As áreas dos serviços de alimentação exigem suprimento adequado de eletricidade monofásica e trifásica, gás, água tratada fria e quente e esgoto.

Água fria e quente

Sobre a água, o *Codex Alimentarius*, na Seção IV – (A), itens 4.3.12.1 e 4.3.12.2, estabelece que:

> Um amplo suprimento de água de acordo com as Orientações para a Qualidade da Água Potável, da OMS, com suficiente pressão e na temperatura apropriada, deve estar à disposição com instalações adequadas para seu armazenamento e distribuição e com sua eficiente proteção contra a possibilidade de contaminação.
>
> É necessário instalar-se um sistema que garanta um suprimento adequado de água potável aquecida.

Como em uma cozinha profissional utiliza-se grande quantidade de água quente e fria, as redes devem ser muito bem dimensionadas para atender a demanda de consumo.

Para o dimensionamento das caixas d'água deve-se prever uma média de 28 litros de água por refeição, sendo 20 litros de água fria e 8 litros de água quente.

O abastecimento de água potável deve estar ligado à rede pública, ou outra fonte com potabilidade atestada, e, sempre que possível, convém possuir um filtro industrial para a filtragem de toda a água consumida dentro da cozinha.

O *Codex Alimentarius*, na Seção IV – (A), item 4.3.12.5, estabelece que:

> A água não potável, utilizada para a produção de vapor, para refrigeração, controle de incêndios e outras finalidades semelhantes, não diretamente ligadas aos alimentos, deve ser transportada em encanamento separado, de preferência identificado por cores diferentes e sem qualquer ligação com o sistema que transporta a água potável.

A RDC nº 216, no anexo único, item 4.1.5, estabelece que as instalações devem ser abastecidas de água corrente e dispor de conexões com redes de esgoto ou fossa séptica. Quando presentes, os ralos devem ser sifonados e as grelhas devem possuir dispositivos que permitam seu fechamento.

Esgoto

A respeito do esgoto o *Codex Alimentarius*, na Seção IV – (A), item 4.3.13, estabelece que:

> Efluentes, restos de alimentos e lixo: Os estabelecimentos precisam contar com um sistema eficiente de descarte de lixo, restos de alimentos e efluentes, o qual deve ser mantido sempre em ordem e em bom estado de conservação. Todos os encanamentos destinados aos efluentes (inclusive os sistemas de esgoto) devem ter espaço suficiente para a descarga normal nas horas de pico, sendo construídos de tal maneira a evitar a contaminação dos suprimentos de água potável. Todos os encanamentos destinados aos efluentes devem contar com um completo sistema de ralos e ter uma saída final para o sistema público de drenagem.

A RDC nº 216, no anexo único, item 4.1.6, estabelece que "as caixas de gordura e de esgoto devem possuir dimensão compatível com o volume de resíduos, devendo estar localizadas fora da área de preparação e armazenamento de alimentos e apresentar adequado estado de conservação e funcionamento".

A existência de um piso técnico inferior ao da cozinha possibilita a instalação da rede de esgoto aparente, facilitando a detecção de vazamentos e facilitando também a manutenção periódica das tubulações.

Elétrica

A RDC nº 216, no anexo único, item 4.1.9, estabelece que "as instalações elétricas devem estar embutidas ou protegidas em tubulações externas e íntegras de forma a permitir a higienização dos ambientes".

A rede elétrica deve ter dimensionamento adequado e todas as proteções necessárias. Para evitar acidentes, é preciso prever o aterramento de todos os equipamentos.

Os quadros de comando devem ser embutidos para facilitar a limpeza e a higienização dos ambientes e estar em local de fácil acesso, de modo a possibilitar o rápido desligamento em caso de emergência.

A rede deve ser de 220 V ou, em alguns casos, de 380 V, proporcionando um menor desgaste dos equipamentos.

Espaços e áreas de trabalho

> No Brasil, a fase de produção do edifício é razoavelmente bem conhecida, mas a visão sistêmica do processo se torna incompleta, na medida em que existem, ainda, poucas pesquisas voltadas para a fase de uso, operação e manutenção, o que faz com que seja reduzida a vida útil destes ambientes construídos, pela ausência, desde o projeto, desse tipo de análise preventiva.
> Sheila Walbe Ornstein [2]

Os diversos processos de preparação necessitam de áreas específicas, de acordo com o alimento envolvido. As áreas de preparo de

---

[2] Sheila Walbe Ornstein, *Avaliação pós-ocupação (APO) do ambiente construído* (São Paulo: Edusp, 1992), p. 19.

vegetais e frutas, por exemplo, acarretam um acúmulo de sujeira no piso, que deve possuir drenagem apropriada. Já a área de confeitaria possui muitas preparações realizadas a seco.

As áreas necessárias para um serviço profissional de alimentação devem estar dispostas de forma a seguir uma linha racional de produção, obedecendo a um fluxo coerente, para evitar cruzamentos entre as atividades.

A planta deve ser planejada para que os alimentos crus cheguem a um determinado ponto, sejam processados na área de cocção e depois despachados para a área de distribuição, havendo progressão em uma única direção.

A planta da cozinha deve enfocar as áreas de trabalho e de estocagem e os equipamentos a serem empregados. O tamanho e o tipo do cardápio representam fatores determinantes para a quantidade de áreas e a sua distribuição na planta.

A legislação em vigor deve também ser rigorosamente seguida para que o projeto atenda a todos os requisitos necessários para um correto funcionamento do ponto higiênico-sanitário.

A escolha do tipo de produto a ser comprado também é outro fator de influência no projeto. Assim, necessitam de diferentes tamanhos de áreas para manipulação: alimentos preparados embalados a vácuo; cozidos/congelados ou alimentos parcialmente preparados, como vegetais descascados e cortados ou carnes já porcionadas; e alimentos *in natura*, no estado bruto, por exemplo vegetais não preparados, peixes a serem cortados em filés.

Conforme Silva (1998, p. 35), o tipo de serviço de atendimento e a forma como são distribuídos os alimentos estão diretamente relacionados ao número de refeições servidas e ao tempo de distribuição, influenciando também diretamente no *layout* das áreas.

O serviço de atendimento pode ser de quatro tipos:

- **AUTOSSERVIÇO:** o usuário retira a bandeja, o prato e os talheres, percorre os vários balcões e compõe o prato desejado, fazendo o porcionamento do alimento. Em geral, são usadas bandejas lisas para apoiar os utensílios, cabendo ao usuário devolvê-las ao final;

- **SERVIÇO COM FUNCIONÁRIOS DA COPA**: o alimento é porcionado no balcão por um funcionário da copa;
- **SERVIÇO COM GARÇOM**: utilizado com mais frequência em locais comerciais, onde o público é flutuante e desconhece o serviço;
- **MISTO**: o comensal se serve de alguns pratos, em geral dos frios e das saladas, e é servido, geralmente dos alimentos quentes, por funcionários da copa.

O tipo de serviço de distribuição em pratos, bandejas estampadas com divisões (atualmente pouco usado) ou bandejas lisas com pratos também influencia o volume de louças e o tamanho da área para lavagem.

A superfície das bancadas de trabalho também deve seguir um padrão de medidas: profundidade de 0,70 m e altura total até o piso entre 0,85 m e 0,90 m, sendo as bancadas obrigatoriamente projetadas de forma que os manipuladores de alimentos tenham ao alcance da mão todos os equipamentos e utensílios.

Considera-se ainda a necessidade de instalação das áreas descritas a seguir conforme o número de refeições servidas, o tipo de cardápio e o serviço. Essa é, portanto, uma relação básica de áreas que poderá sofrer inclusões e exclusões de espaços.

Recebimento e pesagem de mercadorias

A função dessa área é:
- verificar o peso e/ou a quantidade do produto;
- verificar a qualidade do produto quanto à cor, ao tamanho, à consistência, etc.;
- substituir a embalagem do fornecedor pela embalagem do estabelecimento.

Essa área deverá situar-se na entrada de serviço, com ligação externa para acesso fácil de fornecedores, e estar próxima à área de estocagem. Deve ser provida de plataforma de descarga com largura compatível, cujo tamanho permita o movimento de uma pessoa para frente e para trás durante a descarga de alimentos, assim como de rampa e de marquise para proteção dos produtos no momento da entrega.

Não deve existir cruzamento entre matérias-primas e resíduos e o piso deve ser antiderrapante e de fácil higienização.

O dimensionamento dessa área é feito considerando-se o período de reposição dos estoques, que pode ser semanal, quinzenal ou mensal. A estratégia do abastecimento é fundamental para a determinação dos equipamentos e do espaço físico requerido, assim como o tipo de serviço prestado.

Conforme o número de refeições servidas, em certos casos é necessário criar, junto a essa área, um escritório para controle das mercadorias.

Para possibilitar o desempenho das funções que lhe são reservadas, são necessários os seguintes equipamentos:

- balança do tipo plataforma digital;
- balança digital de mesa;
- mesa para apoio da balança;
- carro do tipo plataforma em aço inoxidável para transporte de mercadorias;
- cuba para higienização;
- carro para detritos.

Pré-higienização de hortifrútis

Esse setor está situado no prolongamento da área de recepção e pesagem de mercadorias e deve possuir tanques para a pré-higienização de vegetais, frutas e outros produtos antes do armazenamento. Nesse local, os produtos são transferidos das embalagens dos fornecedores para os contentores plásticos de propriedade do serviço de alimentação.

Para essa atividade, são necessários os seguintes equipamentos:

- cuba para higienização;
- carro para detritos.

Higienização e guarda de contentores e carros de transporte

É uma área que se destina à lavagem e guarda de contentores plásticos e carros utilizados na cozinha. Para isso, deve conter ambiente próprio dotado de grelhas no piso, máquinas de esguicho de alta pressão para lavagem e tanques de remolho para recipientes, com pontos de água fria e quente.

Armazenamento em temperatura ambiente

DESPENSA, ESTOQUE OU ALMOXARIFADO DE SECOS

Nesse local são armazenados gêneros sensíveis às altas variações de temperatura, de umidade e à presença de fungos, como açúcar, cereais, enlatados, etc. Por esse motivo, é preciso armazená-los em um ambiente bem arejado e ventilado.

Essa área é dimensionada conforme o número de refeições e período de reposição de estoque – semanal, quinzenal ou mensal. Deve possuir as seguintes características:

- porta única, com largura mínima de 0,90 m e altura mínima de 2,10 m, simples ou em seções, com molas ou similares, dotada de borrachas na parte inferior para proteção contra insetos e roedores;
- piso em material lavável e resistente;
- ausência de ralos ou grelhas para escoamento de água;
- boa iluminação;
- janelas que permitam a passagem da ventilação e um pouco de luz natural;
- janelas e aberturas dotadas de telas de proteção milimétricas;
- temperatura interior não superior a 26 °C.

Os equipamentos necessários para essa área são:

- estantes com prateleiras lisas ou gradeadas, de aço inoxidável, localizadas a 0,25 m do piso, com profundidade não superior a 0,60 m, altura máxima de 1,80 m, preferencialmente moduladas para permitirem novos arranjos;

- estrados de polietileno para sacarias;
- carro do tipo plataforma, de aço inoxidável, para transporte de mercadorias.

Nesse setor, não podem ser instalados equipamentos que influam nas condições térmicas ambientais ou na umidade relativa do ar, interferindo na qualidade e nas condições sensoriais dos alimentos.

A mesa do estoquista pode estar localizada nessa área, desde que não interfira no controle de qualidade dos alimentos e no fluxo de armazenamento.

DESPENSA DE PRODUTOS E MATERIAIS DE LIMPEZA

Possui as mesmas características físicas da despensa seca e, obrigatoriamente, deve estar separada dela, a fim de não transmitir odores ou contaminações químicas para os produtos alimentícios, uma vez que armazena produtos tóxicos.

Deve possuir estantes com prateleiras em aço inoxidável e piso lavável e antiderrapante.

ARMAZENAMENTO A TEMPERATURA CONTROLADA

É a área destinada à estocagem de gêneros perecíveis ou rapidamente deterioráveis a temperatura ambiente, como carnes, laticínios, hortifrútis, congelados, alimentos já preparados.

A guarda desses alimentos pode ser feita em refrigeradores e congeladores (*freezers*) horizontais ou verticais, ou em câmaras frigoríficas, dependendo do volume a ser estocado, conforme o número de refeições a serem servidas e a distância dos centros de abastecimento.

Sempre que possível, o armazenamento de gêneros a temperatura controlada deve ser feito em câmaras frigoríficas, que têm mais espaço interno, além de facilitarem a organização dos gêneros.

A área de armazenagem deve ficar próxima à área de recepção e possuir comunicação direta com o setor de pré-preparo.

A temperatura interna das câmaras deve ser regulada conforme os produtos que nela serão estocados, devendo, sempre que possível, ser acondicionados em compartimentos separados.

Entre as características necessárias às câmaras frigoríficas destacam-se:

- abertura das portas para fora do ambiente, para evitar perda do espaço interno;
- antecâmara para proteção térmica, para que, na abertura das portas, não ocorra perda de temperatura para o meio exterior, principalmente em câmaras de congelados;
- inexistência de ralos internos;
- termômetro com bulbo interno e mostrador digital externo para conferência da temperatura, com acionamento de alarme quando ela não estiver adequada;
- estantes com prateleiras gradeadas ou perfuradas, de aço inoxidável, com distância mínima de 0,25 m do piso e 0,60 m do forro e profundidade não superior a 0,60 m, altura máxima de 1,80 m e moduladas para permitirem flexibilidade de novos arranjos;
- pé-direito interno máximo de 2,80 m.

Higienização das mãos

As pias para lavagem e antissepsia das mãos devem estar localizadas antes das áreas de pré-preparo, em local estratégico, de modo que a passagem por ele seja obrigatória.

O *Codex Alimentarius*, em sua Seção IV – (A), item 4.3.16, estabelece que:

> Devem ser instaladas pias apropriadas e convenientemente localizadas para a higiene das mãos, sempre que o processamento exigir. Do mesmo modo, deve-se fornecer água fria e quente ou morna [...]. Sempre que houver fornecimento de água quente e fria, é preciso usar torneiras misturadoras. [...] Também é ideal o uso de torneiras que possam ser abertas e fechadas sem o uso das mãos. Essas instalações devem contar com encanamento apropriado, dotado de ralos quando forem necessários, com saída para esgotos públicos.

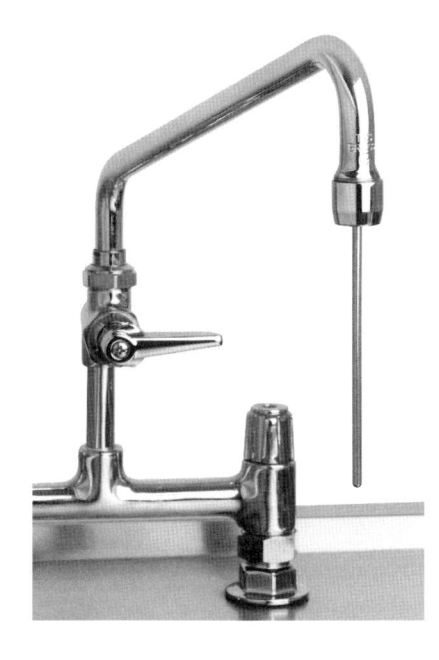

FOTO 1: TORNEIRA COM DISPOSITIVO PARA FECHAMENTO AUTOMÁTICO. FABRICADA POR TOPEMA COZINHAS PROFISSIONAIS.
Cortesia: Topema.

A área de higienização das mãos deve possuir:

- água corrente, preferencialmente a 42 ºC, com misturador quente/frio;
- suporte para papel-toalha, não sendo recomendados secadores de ar quente, pois podem contribuir para a proliferação de alguma bactéria mais resistente;
- carro inoxidável para lixo com acionamento da abertura da tampa por pedal, para o descarte dos papéis usados.

Pré-preparo e preparo

São as áreas onde são feitas as operações preliminares de confecção dos alimentos. Devem ter uma disposição tal que proporcione ao funcionário segurança e conforto em relação a todos os equipamentos necessários para um perfeito arranjo e funcionalidade do trabalho.

Para esse setor, o projeto deve levar em consideração:

- espaço necessário;
- fluxo de serviço;
- economia de movimento de funcionários e de transportes;
- mobilidade dos equipamentos.

Em geral, as áreas de pré-preparo e preparo são subdivididas em:
- preparo de carnes vermelhas, de aves e de peixes;
- preparação de legumes, de verduras e de frutas, também chamada de *garde manger*;
- preparação de massas e de sobremesas;
- outras preparações.

O *Codex Alimentarius*, em sua Seção IV – (A), item 4.3.8, estabelece que:

> Nas áreas de manipulação de alimentos, todas as estruturas e instalações suspensas devem ser instaladas de maneira a evitar a contaminação direta e indireta dos alimentos e dos materiais não cozidos, por meio da condensação e do gotejamento, e não devem impedir ou dificultar as operações de limpeza. Precisam ser isoladas, sempre que necessário, projetadas e construídas com acabamento que não permita o acúmulo de sujeira e minimize a condensação de vapores, o desenvolvimento de bolores e o descascamento. Devem ser de fácil limpeza.

Preparação de legumes, verduras, tubérculos, frutas, etc. (*garde manger*)

Nessa área são preparados os vegetais destinados à cocção ou que seguem diretamente para a distribuição. As principais operações executadas nesse polo são descascar, limpar, esterilizar, cortar, picar, desfibrar, montar os recipientes de saladas.

Para a perfeita execução dessas tarefas são necessários:
- bancada de aço inoxidável;
- mesa de aço inoxidável com cubas;
- mesas de apoio e local para dispor os equipamentos necessários;
- descascador de tubérculos (conforme necessidade);
- mesa para o descascador com caixa de decantação para fécula;
- carro inoxidável para detritos;
- processador de alimentos;

- tábuas de polietileno para corte;
- refrigerador horizontal;
- acessórios diversos: cortador manual de legumes, etc.

Preparação de carnes vermelhas, de aves e de pescados

Setor que se destina à preparação de carnes vermelhas, de peixes e de aves, cujas funções são limpar, separar as peças, porcionar, amaciar, picar, moer, filetar, etc.

A proximidade dessa área com as câmaras frigoríficas e com o setor de cocção facilita o fluxo de trabalho.

A área deve estar dividida em seções específicas de trabalho, para que seja evitada a contaminação cruzada dos alimentos. Assim, pode--se empregar a seguinte organização espacial:
- área de descongelamento;
- área de preparo de frutos do mar e de pescados;
- separação e limpeza de peças;
- desossa, corte e amaciamento;
- porcionamento.

Quando não for possível a separação das áreas, deve-se utilizar uma cor específica de tábua de polietileno para cada tipo de produto e manipular os produtos em diferentes horários.

Em ambientes climatizados deve-se manter a temperatura entre 12 °C e 18 °C.

Os equipamentos básicos para essa área são:
- mesa de aço inoxidável com cubas;
- amaciador de bifes;
- picador de carnes;
- serra fita (para quando as carnes não vierem desossadas);
- carro inoxidável para detritos;
- refrigerador horizontal ou vertical;
- balança digital de mesa.

Preparação de massas e de sobremesas, confeitaria

É a área reservada à produção de doces em geral, massas salgadas, etc. Os equipamentos básicos para a execução dos trabalhos são:

- mesa de aço inoxidável com cubas;
- mesa para abertura de massas e choque de temperatura para chocolates com tampo em granito, que, por ser um material não poroso, facilita a higienização da área e impede a infiltração de sujidades, prevenindo assim a proliferação de bactérias;
- balança digital de mesa;
- batedeira com alta velocidade para massa;
- liquidificadores;
- extrator de sucos;
- equipamentos para panificação (quando for o caso): cilindros, amassadeiras, laminadoras, etc.;
- forno específico e fogão (quando for o caso).

Lavagem e escolha de cereais

Setor destinado à escolha de arroz, de feijão e de outros grãos e cereais e sua posterior lavagem. Sua localização deve ser o mais próxima possível dos caldeirões.

Deve possuir os seguintes equipamentos básicos:

- mesa para escolha de cereais;
- carro para cereais;
- box com grelhas de piso, para lavagem dos cereais nos carros.

Preparação geral e outros preparos

A área de preparação geral depende do grau de especialização do serviço de alimentação. Conforme Silva Filho (1996, p. 48), "dentro da área geral podem-se agrupar equipamentos e seções intermediárias que interligam as áreas principais e a cocção".

Áreas destinadas para preparos de lanches, desjejum, café e dietas especiais são dimensionadas pela quantidade de refeições, padrão dos cardápios, sistema e modalidade da distribuição.

São necessárias bancadas, cubas e mesas de apoio e local para dispor equipamentos, como cortadores de frios, liquidificadores, extratores de sucos.

Cocção

Esse local destina-se à confecção do produto final, que será o alimento pronto para ser consumido. Deve se situar entre as áreas de preparos prévios e a expedição das preparações.

Os equipamentos necessários para essa fase devem ser organizados segundo um fluxo racional e apoiados sobre bancadas específicas de aço inoxidável.

Os equipamentos de cocção podem ser dispostos da seguinte forma:

- **AGRUPAMENTO EM ILHAS:** os equipamentos são colocados de costas uns para os outros, no centro da área de cocção. Para esse tipo de arranjo deve haver espaço suficiente ao redor dos equipamentos e espaços para serem instalados outros itens junto das paredes, como bancadas de apoio. Esse tipo de *layout* é considerado o mais funcional e por isso é o mais utilizado;

FOTO 2: ILHA DE COCÇÃO. FABRICADA POR INTELLIKIT.
Cortesia: Intellikit.

FOTO 3: LINHA DE COCÇÃO. FABRICADA POR TOPEMA COZINHAS PROFISSIONAIS.
Cortesia: Topema.

● **COLOCAÇÃO JUNTO DAS PAREDES:** os equipamentos são colocados linearmente junto das paredes. Esse arranjo é possível onde as distâncias a percorrer são limitadas e, normalmente, ocorre em locais com espaços menores.

A escolha de uma dessas organizações dependerá das limitações de forma e de tamanho.

O tipo de estabelecimento, ou seja, indústria, hotel, hospital, restaurante comercial, etc. determina as características e a quantidade de máquinas necessárias para a cozinha.

Se necessário, a área poderá conter refrigeradores instalados sob os equipamentos de cocção, sempre lembrando de proporcionar uma boa ventilação para a manutenção de uma temperatura adequada e um bom funcionamento dos compressores.

Uma medida paliativa, mas nem sempre considerada a melhor, pelo alto custo de instalação e dificuldades de manutenção, é a utilização dos compressores de *freezers* e refrigeradores de forma remota, ou seja, distantes da cabine principal.

Toda a operação da cozinha deve funcionar como um sistema. Os equipamentos que realizam funções específicas devem se manter próximos, aumentando assim a funcionalidade do trabalho, evitando--se atalhos.

Os equipamentos para essa área são (conforme o cardápio):
- fogão;
- forno combinado;
- fritadeira;
- frigideiras e "panelas" multifuncionais;
- chapa quente;
- *charbroiler*;
- sistema de exaustão;
- bancada inoxidável com cubas;
- bancada inoxidável lisa para apoio;
- banho-maria;
- caldeirão (atualmente está sendo substituído por equipamentos multifuncionais em algumas cozinhas).

Alguns desses equipamentos poderão ser suprimidos, conforme o dimensionamento do serviço de alimentação.

Higienização de utensílios usados no processamento (copa suja)

Preferencialmente, essa área deve ser delimitada por uma parede alta, mantendo-se a iluminação e a ventilação adequadas. Deverão ser previstos:
- suprimento de água quente e fria;
- sistema de drenagem bem dimensionado;
- local para utensílios em espera para serem higienizados;
- cubas profundas para lavagens de panelas;
- esguichos de pré-higienização;
- local para guarda de material após a higienização;
- máquina para lavar panelas e recipientes.

Refeitório/salão de refeições

O salão de refeições deve ser dimensionado conforme o tipo de serviço desejado, pois todos os aparatos, equipamentos, setorização, etc. dependem dessa definição, devendo-se sempre avaliar o espaço para que haja perfeita circulação entre mesas e cadeiras.

Essa área deve proporcionar o máximo de conforto ao comensal, pois esse é um quesito importante para o cliente decidir se retorna ou não ao local.

Conforme Silva Filho (1996):

> As pessoas são dotadas basicamente de cinco sentidos físicos. Conforme as informações e estímulos que a pessoa recebe do meio em que se encontra, pode sentir-se confortável ou não. Vejamos esses sentidos em relação ao restaurante:
> - *visão*: o cliente observa a limpeza, higiene, arrumação, decoração, asseio dos funcionários, etc.
> - *audição*: o cliente percebe o barulho vindo das copas de lavagem, dos carros que passam na rua, do nível geral de ruído dentro e fora do ambiente em que se encontra.
> - *olfato*: o cliente percebe o bom e o mau cheiro, ou seja, o aroma agradável de cada prato, como também o cheiro de óleo queimado vindo da cozinha, etc.
> - *paladar*: no tempero equilibrado de cada prato, [...] além de perceber as especiarias específicas usadas para a elaboração de cada prato.
> - *tato*: o cliente, além da sensação de frio ou calor, percebe também a higiene de cada componente da mesa, como pratos e talheres engordurados.

Em suma, um projeto adequado para um salão de refeições deve:
- diminuir a transferência de ruídos e cheiros indesejáveis provenientes da cozinha ou da área externa;
- possuir uma programação visual com composição cromática suave;
- propiciar uma boa higienização por meio da utilização de materiais de fácil conservação;
- garantir uma temperatura interna agradável por meio de uma boa ventilação.

Segundo Silva (1998, p. 141), o salão de refeições é dimensionado conforme alguns fatores como:

- tempo de permanência do usuário no local;
- tempo necessário para a distribuição do alimento;
- tempo médio necessário para o comensal fazer a refeição;
- equipamentos e mobiliários.

O salão de refeições deve ter um dimensionamento mínimo, sem contar a área de distribuição, de 1,2 m² por pessoa e ter área de circulação ampla, para se evitar filas.

Geralmente, o salão de refeições conta com as seguintes áreas:

- distribuição;
- sala de refeições;
- lavabos e sanitários;
- *hall* de garçons (se for o caso).

Os equipamentos que podem ser necessários ao salão de refeições são:

- balcão térmico (temperatura entre 80 °C e 90 °C) para a distribuição dos alimentos quentes;
- estufa ou *pass through* (ambos com temperatura entre 70 °C e 80 °C), para a conservação dos alimentos quentes;
- placas termoelétricas de vidro para a manutenção de alimentos quentes;
- *pass through* para a conservação dos alimentos refrigerados;
- balcão refrigerado (entre 6 °C e 10 °C), para a distribuição de saladas, molhos, sobremesas e bebidas, com mesa fria superior;
- equipamentos para guarda e apoio de utensílios de mesa;
- refresqueiras;
- cafeteiras;
- bebedouros, etc.

Os alimentos frios devem ser colocados em balcões mesa fria, específicos para saladas e sobremesas. Em geral, os balcões mesa fria de saladas e sobremesas são instalados próximos à chegada do cliente; em seguida, vem o balcão térmico de pratos quentes, a mesa de molhos para saladas, e, por fim, o balcão de sucos e bebidas.

Lawson (1978) salienta que "o balcão de distribuição tem de estar convenientemente situado em relação ao percurso que fazem os clientes que entram no restaurante, porém tem de estar suficientemente retirado da entrada para evitar concentração e confusão".

O fluxo de reposição dos alimentos no balcão não deve cruzar com os comensais, nem com a produção.

A movimentação do comensal para a distribuição, depois para o salão, a devolução de louças e finalmente para a saída deve ser contínua para não haver cruzamento em toda a sua extensão.

Copa de lavagem dos utensílios do refeitório (copa limpa)

Por causa do tipo de serviço realizado nessa área, ela deve ser o mais fechada possível em relação ao refeitório, tendo somente pequenas aberturas para a devolução de bandejas e de pratos.

Esse local de higienização deve estar adjacente ao refeitório, sempre que possível, sendo sua comunicação feita por meio de guichê, por carros de devolução distribuídos estrategicamente pelo refeitório, por esteira mecânica ou por *hall* de devolução.

O tratamento acústico é necessário em razão do grande barulho e da proximidade do refeitório, que geram desconforto tanto para usuários como para funcionários que trabalham no setor.

A copa de lavagem, dependendo do projeto e da área, também pode estar localizada junto à área de lavagem dos utensílios da produção (copa suja).

O dimensionamento deve ser compatível com o tipo de serviço eleito, para que sejam previstos local e equipamentos adequados para a higienização dos utensílios. Além disso, pelo fato de o trabalho a ser realizado exigir muita agilidade, o espaço dimensionado deve permitir rapidez e facilidade de movimentação.

Por ser um local com grande acúmulo de umidade, o dimensionamento de portas e janelas deve permitir uma boa eliminação desse excesso. O piso deve ser antiderrapante, e os materiais utilizados, de fácil limpeza.

Para que não sejam geradas filas para devolução de bandejas dentro do salão de refeições, deve-se observar o adequado dimensionamento dessa área.

As operações realizadas nesse setor são basicamente:

- recepção da louça suja;
- retirada dos detritos;
- pré-lavagem das louças;
- lavagem e enxágue;
- secagem.

Os equipamentos necessários para o desempenho dos trabalhos são (conforme a quantidade de refeições):

- máquina de lavar louças;
- captor de vapores;
- dosadores de produtos químicos para lavagem e secagem de louças;
- mesas de aço inoxidável para entrada e saída da máquina de lavar louças;
- triturador ou compactador de lixo;
- carro inoxidável para detritos;
- aquecedor de água;
- cuba com esguicho de pré-lavagem;
- carro para remolho de talheres;
- *shoot* para talheres (duto de aço inoxidável para envio de talheres sujos para o carro de remolho de talheres);
- carro para utensílios em geral;
- esteira mecânica, guichê ou carro do tipo cantoneira para devolução.

A higienização dos utensílios do salão de refeições pode ser feita de forma manual ou mecânica. A higienização manual nunca atingirá os graus de sanitização da mecânica, devendo, sempre que possível, ser evitada.

A utilização de máquinas de lavar automáticas, com cubas de pré--higienização, dotadas de esguichos para pré-lavagem, proporciona melhor higienização e esterilização dos utensílios, além de economizar até 50% de água em relação à lavagem manual.

A guarda dos utensílios limpos deve ser feita em local que não propicie o contato com os sujos, evitando-se a contaminação cruzada.

Sala de administração

Essa sala deve estar em local estratégico, para permitir o controle das operações necessárias ao processamento das refeições; deve estar pelo menos 0,15 m elevada do piso da produção e possuir vidro em toda a extensão, a partir de 1 m do piso, para facilitar a supervisão do ambiente.

Descarte de embalagens

Área externa destinada à guarda de caixas, latas, vidros e embalagens vazias, retornáveis ou não, para serem armazenados até a remoção, reciclagem ou descarte. Deve ser um recinto específico, fechado por alambrado para favorecer a ventilação, e coberto, para evitar a chuva e a invasão de vetores externos.

Depósito de lixo

O *Codex Alimentarius*, na Seção IV – (A), item 4.3.20, estabelece que:

> Os estabelecimentos devem contar com instalações para o depósito de lixo e material não comestível até que sejam removidos do local. Essas instalações devem ser projetadas no sentido de evitar o acesso de pragas ao lixo e ao material não comestível, evitando a contaminação dos alimentos, da água potável, do equipamento, do edifício ou das vias de trânsito e de acesso ao local.

Deve ser uma área fechada, revestida de material lavável e estar em local de fácil remoção diária do lixo.

O ideal é que esteja refrigerada a uma temperatura de +2 °C para retardar a proliferação das bactérias que contaminam o lixo e que facilitam a putrificação e a fermentação, que produzem odores desagradáveis.

A área deve ser dotada de esguicho de pressão com água fria e quente para limpeza dos latões no próprio local.

Instalações de gás

A alimentação de uma cozinha profissional pode ser feita por gás natural (presente em algumas regiões) ou gás liquefeito de petróleo (GLP).

Quando a cozinha for alimentada por gás natural, proveniente de concessionária, é necessária a instalação do quadro de registros de entrada de gás em local bem ventilado e de fácil acesso.

O acondicionamento do GLP pode ser feito em cilindros de 45 kg ou em tanques fixos reabastecidos no próprio local por caminhões-tanque que transportam o gás a granel.

Conforme a ABNT (Associação Brasileira de Normas Técnicas), essa área deve estar delimitada, a fim de assegurar exclusividade de uso e a proteção das instalações.

O dimensionamento da central de gás dependerá do tipo de sistema a ser utilizado e também do consumo horário de GLP.

Depósito e higienização do material de limpeza

Esse setor destina-se à guarda de materiais e de objetos de limpeza, como rodos, esfregões, baldes e máquinas de lavagem por alta pressão.

Deve ser exclusivo e dotado de tanque para lavagem, pois os equipamentos devem ser higienizados e guardados em área própria para que não provoquem contaminação de alimentos, de utensílios, de equipamentos, etc.

Instalações sanitárias e vestiários

O dimensionamento desse local deve ser feito segundo o número de funcionários que trabalham no local, devendo ser de uso exclusivo dos funcionários do serviço de alimentação. Conforme a legislação, devem-se prever no mínimo um sanitário e um chuveiro para cada vinte funcionários de cada sexo por turno de trabalho.

O *Codex Alimentarius*, na Seção IV – (A), item 4.3.15, estabelece que:

> Todos os estabelecimentos devem ter banheiros e instalações apropriadas para a troca de roupa, nos locais mais convenientes. Os banheiros devem ser projetados de maneira a garantir a remoção higiênica de água suja e dejetos. Essas áreas precisam ser bem iluminadas, ventiladas [...], e não devem ter aberturas diretas para as áreas de processamento de alimentos. Instalações para lavagem de mãos, com torneiras de água fria e morna ou quente [...] devem ser instaladas junto aos sanitários, de tal maneira que os empregados sejam obrigados a passar por essas áreas antes de retornarem ao trabalho, no processamento. Onde houver água quente e fria, as torneiras devem ser misturadoras. [...] O ideal é usar torneiras que possam ser abertas e fechadas sem o uso das mãos.

A RDC nº 216 da Anvisa destaca que "as instalações sanitárias e os vestiários não devem se comunicar diretamente com a área de preparação e armazenamento de alimentos ou refeitórios. [...] As portas externas devem ser dotadas de fechamento automático".

As instalações sanitárias e os vestiários devem possuir água corrente e ser conectados à rede de esgoto (ou fossa séptica aprovada).

Essas áreas devem possuir boa iluminação e ventilação, sendo as aberturas de ventilação protegidas por tela. As portas devem ter protetores inferiores contra insetos e roedores e molas ou outro tipo de fechamento automático.

Equipamentos

> Em primeiro lugar, é necessária uma fonte de calor constante, e, depois, um abastecimento permanente de água fervente. Um chão sempre limpo. Ferramentas para cortar, descascar, fatiar e moer. Também um artefato que afaste os cheiros e fedores

de sua cozinha para obter um ambiente agradável e livre de
fumaças. E, depois, música, já que os homens ficam mais felizes
e trabalham melhor com música. Finalmente, um artefato para
livrar os barris de água das rãs.

Leonardo da Vinci[3]

Os equipamentos para os serviços profissionais de alimentação sofreram profundas transformações a partir da década de 1990, quando foi promovida a abertura do mercado brasileiro para as importações.

Esse fato, que de início causou prejuízo para a indústria nacional, em pouco tempo gerou impulso para seu desenvolvimento, uma vez que, ao encontrar um mercado altamente competitivo, ela deveria escolher entre duas alternativas: modernizar-se ou extinguir-se.

Com a chegada e a aplicação de novas tecnologias, os equipamentos passaram a ter:

- maior rendimento, por causa da necessidade de otimização do tempo gasto para a operação e da necessidade de economia de energia combustível;
- menor tamanho, pela necessidade de criar espaços mais compactos e eficientes;
- maior durabilidade e facilidade de manutenção e de limpeza, pois passaram a ter projetos mais bem elaborados, além de serem confeccionados com materiais mais resistentes e de melhor qualidade;
- maior flexibilidade, porque receberam novos *designs*, passando a ser fabricados de forma modular e com opções para diversas fontes de energia para alimentação.

Para que um projeto de serviço profissional de alimentação seja eficiente e corretamente dimensionado, é necessário que o profissional envolvido nessa tarefa elabore uma profunda pesquisa, a fim de dimensionar e escolher de forma adequada o equipamento correto para as áreas em questão.

---

[3] Leonardo da Vinci, *Os cadernos de cozinha de Leonardo da Vinci – Codex Romanoff* (Rio de Janeiro: Record, 2002, p. 118).

O *Codex Alimentarius*, na Seção IV – (A), item 4.4, estabelece que:

> Materiais: Todos os equipamentos e utensílios utilizados nas áreas de processamento de alimentos, e que possam entrar em contato com os alimentos, devem ser fabricados com material que não transmita substâncias tóxicas, odores ou gosto, que não seja absorvente, que resista à corrosão e seja apropriado para limpeza frequente, assim como à desinfecção. Suas superfícies devem ser lisas e livres de buracos, de fendas ou rachaduras. Entre os materiais mais apropriados estão o aço inoxidável, os materiais sintéticos e os derivados da borracha. Deve-se evitar o uso da madeira e outros materiais que não possam ser adequadamente limpos e desinfetados, exceto quando seu emprego descartar claramente toda e qualquer possibilidade de contaminação. Também deve ser evitado o uso de determinados metais sempre que houver possibilidade do contato entre eles e os alimentos provocar a corrosão.
>
> Todos os equipamentos e utensílios devem ser de tal maneira projetados e construídos que se previnam ameaças à higiene e seja realizada uma fácil e completa limpeza e desinfecção, assim como, onde necessário, perfeita visibilidade durante a inspeção.
>
> O equipamento fixo deve ser instalado de modo que sempre permita fácil acesso e completa limpeza.

Outros cuidados também são necessários na escolha de equipamentos; por exemplo, a madeira não deve ser usada em cozinhas devido a seu alto grau de absorção e difícil higienização. Com o uso, riscos e rachaduras levam ao acúmulo de bactérias prejudiciais à saúde, podendo causar intoxicação e contaminação cruzada dos produtos alimentícios.

O material mais adequado para equipamentos e superfícies de manipulação de alimentos é o aço inoxidável, material de grande durabilidade que pode ser facilmente higienizado.

O aço inoxidável é um aço com baixo teor de carbono, ao qual é adicionado cromo e níquel. Em contato com o oxigênio do ar, o cromo forma uma camada fina e invisível de óxido na superfície do aço. Se danificada (mecânica ou quimicamente), essa camada passiva se regenera, recompondo a resistência à corrosão.

O tipo de aço inoxidável utilizado para a fabricação de equipamentos para cozinhas profissionais é o AISI (*American Iron and Steel Institute*) 304, liga 18:8, com espessura variável entre 1 mm (chapa # 20) e 1,2 mm (chapa # 18), dependendo da utilização.

Para os equipamentos, móveis e utensílios, a RDC nº 216 estabelece o seguinte:

> Os equipamentos, móveis e utensílios que entram em contato com os alimentos devem ser de materiais que não transmitam substâncias tóxicas, odores, nem sabores aos mesmos, conforme estabelecido em legislação específica. Devem ser mantidos em adequado estado de conservação e ser resistentes à corrosão e a repetidas operações de limpeza e desinfecção.

É recomendado que não haja gavetas na cozinha, pois, além de serem locais de difícil limpeza, podem acumular sujeira, poeira, restos de alimentos, acarretando possíveis contaminações.

Os equipamentos devem ser móveis para facilitar sua remoção para a limpeza, ou seja, devem ter rodízios dimensionados adequadamente para suportar seu peso, e duas das quatro rodas dotadas de freios para dificultar a movimentação, quando esta for desnecessária.

A definição dos equipamentos essenciais para uma cozinha tem de ser analisada do ponto de vista do cardápio a ser servido, da qualidade e da velocidade do serviço e da quantidade a ser produzida.

Conforme Silva Filho (1996, p. 76), o correto dimensionamento dos equipamentos deve atingir os seguintes objetivos:

- produzir os alimentos em quantidade suficiente;
- reduzir o custo de produção;
- reduzir o tempo de cocção;
- assegurar a qualidade do produto final;
- facilitar a preparação e a cocção do alimento.

De acordo com esse autor, a escolha dos equipamentos deve contemplar:

- capacidade nominal e efetiva de uso;
- tamanho, levando-se em conta os espaços do estabelecimento, portas, elevadores, etc.;

- peso em relação às cargas admissíveis sobre o piso;
- mobilidade, de forma que os equipamentos possam ser usados em várias áreas;
- modulação, para permitir a expansão da capacidade sem grandes alterações;
- dimensões interiores que permitam a utilização de equipamentos normatizados;
- ergonomia para facilitar o uso quanto ao peso, à área de segurança, etc.;
- facilidade de controle;
- facilidade de limpeza;
- manutenção rápida e fácil;
- vida útil;
- qualidade construtiva, ou seja, se os equipamentos estão dentro das normas de segurança e construídos com materiais de qualidade.

Outro aspecto relevante é a determinação da fonte de energia que será utilizada para alimentação dos equipamentos, que pode ser gás liquefeito de petróleo (GLP), gás natural, energia elétrica e vapor.

A seguir, são apresentados alguns dos principais equipamentos empregados em serviços profissionais de alimentação. Conforme o tipo de serviço e o número de refeições produzidas, alguns equipamentos poderão ou não ser necessários e outros, não citados, poderão ser incluídos.

Cocção

FOGÃO A GÁS E FOGÃO DE INDUÇÃO

Considerado durante muito tempo o equipamento mais importante da cozinha, teve a sua utilização muito reduzida com a introdução de novos equipamentos para os serviços profissionais de alimentação. No Brasil, os mais utilizados são os fogões a gás, pela simplicidade tecnológica e pelo baixo custo da fonte de energia. Podem possuir de dois até oito queimadores.

Os queimadores devem ser duplos, ou seja, com duas fases de acendimento: a primeira na coroa menor e a outra na coroa maior, proporcionando uma regulagem melhor da intensidade da chama.

É aconselhável que o fogão não possua forno inferior por causa das dificuldades ergonômicas de uso e da pouca produtividade do sistema, gerando produtos finais de baixa qualidade.

Os fogões de indução começam aos poucos a serem mais utilizados em cozinhas profissionais. O fogo começa a perder o seu papel de protagonista para assumir o papel de espetáculo. Ou seja, em alguns anos, os equipamentos de indução serão utilizados em larga escala em cozinhas profissionais.

FOTO 4: MÓDULO DE COCÇÃO POR INDUÇÃO COM COIFA ACOPLADA. FABRICADO POR TOPEMA COZINHAS PROFISSIONAIS.
Cortesia: Topema.

FORNO

A forma de transmissão do calor em fornos é a convecção, que pode ser natural, em fornos convencionais, ou forçada por meio de ventiladores, nos fornos de convecção. Os tipos de fornos conhecidos para serviços profissionais de alimentação são:

- **FORNO CONVENCIONAL A GÁS OU ELÉTRICO:** pode ter uma, duas ou três câmaras e emprega a energia elétrica ou o gás como fonte de alimentação.

  Esse forno pode ter aquecimento nas partes inferior e superior, com controle automático de temperatura por meio de termostato. Por funcionar com temperaturas elevadas, provoca grandes perdas de peso no alimento.

  Apesar de apresentar um baixo custo inicial, consomem uma quantidade considerável de energia. O sistema de abertura de portas também pesa na escolha desse tipo de forno, pois permite uma grande perda de calor. É um equipamento de difícil limpeza e manutenção.

- **FORNO DE CONVECÇÃO A GÁS OU ELÉTRICO:** dotado de uma turbina que força a circulação interna do ar quente e seco. Proporciona a cocção do alimento de forma mais uniforme do que os fornos convencionais, porém não elimina a perda substancial de gramatura nas preparações.

- **FORNO COMBINADO A GÁS E ELÉTRICO:** considerado equipamento de última geração, efetua a cocção por meio de calor úmido, combinando o cozimento no vapor e a convecção forçada. Vem definitivamente conquistando espaço nas cozinhas profissionais.

  Por causa do seu grande número de funções, com esse equipamento é possível preparar pratos cozidos, assados e gratinados, fritar alimentos e preparar sobremesas. Desde que sejam utilizadas as mesmas funções do forno, os alimentos podem ser preparados todos simultaneamente, sem que haja interferência nos sabores.

  Em cozinhas que empregam o processo de finalização de alimentos congelados, resfriados ou já prontos, os fornos combinados realizam essa função rapidamente, contribuindo para a diminuição dos riscos de contaminação dos alimentos. Por funcionarem com injeção de vapor (em algumas funções), tanto para cozinhar como para assar, provocam perda reduzida de peso dos alimentos, preservando seu sabor.

Entre as inúmeras vantagens desse equipamento podem-se ressaltar a redução do espaço físico ocupado, o incremento da capacidade de produção da cozinha, a melhoria do produto final, além da versatilidade e da flexibilidade agregadas à cozinha.

iCOMBI PRO

Além de todas as vantagens do forno combinado, o iCombi Pro possui saída de dados para a APPCC (Análise de Perigos e Pontos Críticos de Controle), diagnóstico de calcário, sistema de limpeza automático para o gerador de vapor, sistema de serviço de diagnósticos com avisos de serviço, sistema de limpeza automático ou programa manual de limpeza, som de alarmes programáveis, contraste do *display* programável, ajuste de tempo em horas, minutos e segundos (24 horas), unidade programável em graus Celsius ou Fahrenheit e função de ajuda *on-line*. Esse equipamento determina o peso em quilos de sua carga total e calcula os tempos, as funções, a umidade e as temperaturas necessários para a cocção do alimento automaticamente, levando em consideração os ajustes feitos pelo usuário quanto ao ponto de preparo desejado (bem passado, ao ponto, etc.).

O iCombi Pro possui funções como:

- **iDENSITYCONTROL**: controla a circulação de ar e a desumidificação de forma mais potente, garantindo 50% mais produtividade com o tempo de preparo aproximadamente 10% menor e cocções mais uniformes.
- **iCOOKINGSUITE**: compara continuamente o estado do alimento com o objetivo especificado, calcula a evolução da cocção e adapta o clima de cocção de forma inteligente. Além disso, ajusta a temperatura e o tempo da forma ideal.
- **iPRODUCTIONMANAGER**: ajuda a organizar, de forma inteligente e flexível, processos de produção complexos, *à la carte* e *mise en place*, como preparar diferentes produtos ao mesmo tempo, produzir com otimização de tempo ou de energia, organizar sequências eficientes para os alimentos ou obedecer a um tempo de produção predefinido.
- **iCARESYSTEM**: possui limpeza ultrarrápida (12 minutos), descalcificação e diferentes programas de níveis de limpeza.

FOTO 5: FORNO COMBINADO iCOMBI PRO, FABRICADO POR RATIONAL.
Cortesia: Rational.

SALAMANDRA OU FORNO DE INFRAVERMELHO A GÁS OU ELÉTRICO

O aquecimento é feito pela emissão de raios infravermelhos; tem como princípio uma resistência elétrica aquecida ou uma placa aquecida por gás. Utilizado no processo de cocção para gratinar, transmite ao alimento uma aparência dourada.

CALDEIRÃO A GÁS, ELÉTRICO E AUTOGERADOR DE VAPOR

Conforme Silva Filho (*ibid.*, 65), quanto ao aquecimento, os caldeirões podem ter as características descritas a seguir:

- **VAPOR DIRETO:** quando a geração de calor provém de uma caldeira externa ao equipamento. Esse processo é mais eficiente e rápido por causa da uniformidade de aquecimento nas superfícies de troca de calor entre o vapor e o alimento. Em razão do alto custo de uma caldeira, esse tipo de equipamento é empregado em hospitais e indústrias que já possuem uma caldeira também destinada para outros fins.
- **GÁS (GLP OU NATURAL):** o aquecimento é feito diretamente sob o recipiente, por meio de uma câmara de gás que faz a troca de calor com os queimadores. São pouco utilizados, pois

cozinham os alimentos irregularmente, ficando os do fundo cozidos, enquanto os da superfície ainda não cozinharam.

- **AUTOGERADOR ELÉTRICO DE VAPOR:** funciona por meio de resistência elétrica. O aquecimento é feito de forma indireta, por meio de uma pequena caldeira geradora de vapor, que circula em uma câmara própria. Faz a cocção com a mesma qualidade do caldeirão a vapor direto, diminuindo o risco de o alimento se queimar e grudar nas paredes.
- **AUTOGERADOR DE VAPOR A GÁS:** possui as mesmas características do autogerador elétrico de vapor, apenas mudando a fonte de aquecimento de elétrica para a gás. Hoje em dia é o tipo mais usado.

Para a regulagem da pressão interna do recipiente, há vários tipos de tampa, como descrito a seguir:

- **AMERICANA:** tampa convencional, articulada ou não, sem pressão interna no recipiente de cocção. É o tipo mais seguro, pois não oferece risco de explosões.
- **AUTOCLAVADA:** tampa especial dotada de torniquetes que a fecham hermeticamente. A cocção, nesse caso, é feita a uma pressão superior à do ambiente, e a velocidade de cozimento aumenta sensivelmente. Funciona como uma panela de pressão doméstica. É um equipamento de difícil e perigosa manipulação.

Os caldeirões podem ser redondos ou quadrados (chamados de modulares). Sua capacidade interna varia entre 100 litros e 500 litros.

A empresa Cozil inovou o sistema de cozinhar em caldeirões com o Caldeirão Autocook®, que traz como benefícios:

- não utiliza água no banho-maria, evitando o uso de câmara de pressão e o risco de explosão;
- economia de até 60 litros de água por operação;
- redução de até 30% no tempo de cozimento em relação aos caldeirões convencionais, retendo 90% da energia gerada;
- economia de até 50% de gás liquefeito de petróleo (GLP);
- perfeito isolamento térmico interior, mantendo o alimento aquecido mesmo quando desligado e mantendo a parte externa fria, evitando acidentes;

- não irradia calor para o piso;
- pode ser utilizado para cozimentos, assados e frituras;
- programação independente para cada operação, com controle de tempo e temperatura por meio de painel digital *touch screen*;
- disponível nas capacidades de 150 litros, 300 litros ou 500 litros.

FOTO 6: CALDEIRÃO AUTOCOOK® COM AQUECIMENTO POR FLUIDO TÉRMICO (ÓLEO).
Cortesia: Cozil.

BANHO-MARIA

Geralmente utilizado em restaurantes comerciais com menu *à la carte*, sua função é manter a temperatura adequada molhos e outros alimentos, impedindo o ressecamento. Pode ser elétrico ou a gás, estando, habitualmente, localizado junto ao fogão. Deve, de preferência, ser modulado para recipientes *gastronorms*.

FRITADEIRA A GÁS E ELÉTRICA

Apesar de haver as versões elétrica e a gás, os equipamentos elétricos são os mais recomendados, pois apresentam uma recuperação mais rápida da temperatura quando se imerge um produto congelado, impedindo-se assim o encharcamento provocado pela queda de temperatura do óleo.

A fritadeira deve possuir:

- controle automático de temperatura do óleo por meio de termostato;
- zona fria para impedir a carbonização de resíduos que provocam a decomposição da gordura;
- resistência sobressalente para recuperação rápida da temperatura do óleo, no caso de fritadeiras elétricas;
- controle de tempo para permitir a padronização da fritura;
- dispositivo para filtragem de óleo.

FOTO 7: FRITADEIRA. FABRICADA POR TOPEMA COZINHAS INDUSTRIAIS.
Cortesia: Topema.

A fritadeira pode ser composta por duas cubas separadas, com controles independentes de temperatura para fritura de dois produtos diferentes ao mesmo tempo. Pode ser de mesa ou possuir capacidade para até 18 litros de óleo.

FRIGIDEIRA BASCULANTE A GÁS OU ELÉTRICA

Considerada o equipamento curinga da cozinha, pois pode ser utilizado para fritar, cozer, chapear, etc., além de permitir a retirada do alimento com mais facilidade por meio do sistema basculante.

Os modelos elétricos possuem controle automático de temperatura por termostato, mas nos modelos a gás o controle é manual.

iVARIO PRO

É um equipamento multifuncional de última geração que pode chapear, fritar e cozer na pressão ou no sistema *sous vide*, que possui:

- **iVARIOBOOST**: aquece rapidamente o equipamento e distribui o calor de maneira uniforme.
- **iCOOKINGSUITE**: proporciona resultado padronizado e sem monitoramento.
- **iZONECONTROL**: divide o equipamento em diferentes zonas de aquecimento.

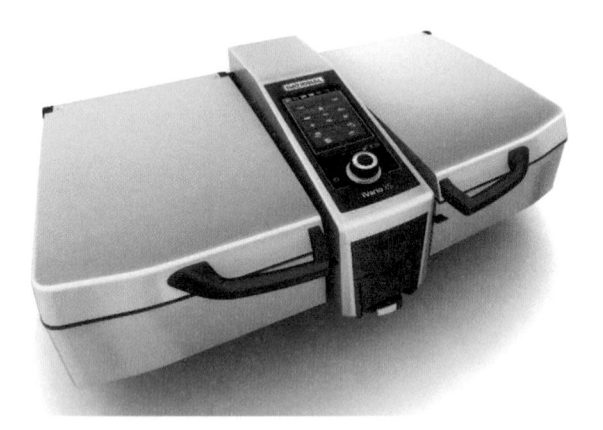

FOTO 8: iVARIO PRO, FABRICADO POR RATIONAL.
Cortesia: Rational.

CHAPA QUENTE A GÁS E ELÉTRICA

Usada para "chapear" os alimentos, que são rapidamente preparados e eficientemente cozidos, permitindo o preparo de vários produtos simultaneamente. Necessita de óleo sobre a chapa para que os alimentos não grudem. Os modelos elétricos possuem controle automático de temperatura por termostato, mas nos modelos a gás o controle é manual.

CHARBROILER A GÁS

Equipamento que emite calor infravermelho (seco) por meio de radiantes. Os alimentos são colocados sobre uma grelha de ferro fundido, que pode ser ajustada para cima ou para baixo, controlando o cozimento.

Os alimentos grelhados nesse equipamento apresentam menor quantidade de gorduras, melhor aparência, suculência e sabor, pois a gordura e a água desprendidas do alimento, ao caírem no queimador de ferro fundido ou nas pedras vulcânicas especiais, provocam uma fumaça que retorna ao alimento em forma de sabor.

Os *charbroilers* são equipamentos cuja fonte de alimentação é o gás, e o controle da temperatura é feito manualmente.

Distribuição

BALCÃO TÉRMICO

Utilizado para manter os alimentos quentes a temperatura adequada, em recipientes *gastronorms* ou em utensílios sobre uma pista aquecida. O aquecimento pode ser feito de forma indireta, por banho-maria; direta, por resistências elétricas; por contato; ou por lâmpadas que emitam raios infravermelhos.

A temperatura é controlada por meio de termostatos, devendo ficar em torno de 85 °C a 90 °C, que é a ideal para os alimentos manterem a umidade e a aparência, além de estarem dentro das normas do método APPCC de controle de temperatura para alimentos quentes, evitando a contaminação por bactérias.

MESA FRIA OU PISTA REFRIGERADA

Utilizada para a distribuição de alimentos refrigerados, como saladas e doces, que precisam ficar a uma temperatura entre 2 °C e 10 °C. Devem ser moduladas para receber recipientes *gastronorms* com altura máxima de 6,5 cm.

O controle da temperatura é feito por termostato e a condução do frio por contato entre a pista fria e a serpentina por onde circula o gás refrigerante.

FOTO 9: MESA REFRIGERADA PARA CONDIMENTAÇÃO. FABRICADA POR TOPEMA COZINHAS PROFISSIONAIS.
Cortesia: Topema.

PASS THROUGH AQUECIDO, REFRIGERADO OU NEUTRO

São equipamentos utilizados para armazenar e conservar a temperatura dos alimentos quentes, refrigerados ou neutros, já produzidos, enquanto não são levados ao balcão térmico ou à mesa fria. Devem possuir pares de cantoneiras internas para receber recipientes *gastronorms*.

Sua principal característica é possuir porta para ambos os lados. Deve localizar-se entre a cocção e a distribuição, para facilitar a passagem dos alimentos de um ambiente para outro.

CÂMARA FRIGORÍFICA FIXA (ALVENARIA) OU DESMONTÁVEL (MODULAR)

As câmaras frigoríficas são, em geral, equipamentos feitos sob medida para um determinado local. Quanto à instalação e à construção, as câmaras frigoríficas podem seguir os modelos descritos abaixo:

- **FIXA**: construída com paredes de alvenaria, piso e teto de laje de concreto, impermeabilizados com poliuretano expandido. Deve receber revestimento interno de azulejos ou borracha clorada (epóxi).

- **MODULAR**: construída com painéis de aço inoxidável, alumínio lavrado do tipo *stucco* com camada de verniz incolor ou aço zincado pré-pintado. Para melhor relação custo-benefício, podem ser aplicados revestimentos mistos.

  As câmaras modulares possuem a vantagem de ser removíveis. Atualmente, são as mais utilizadas, substituindo quase totalmente as câmaras de alvenaria. São formadas por painéis pré-fabricados, do tipo sanduíche, revestidos interna e externamente de chapas metálicas com núcleo de isolante térmico.

A elaboração de um projeto de câmara frigorífica deve considerar a definição de vários parâmetros, principalmente os relacionados com os produtos a serem estocados, com as condições operacionais, o *layout* e a arquitetura do local.

Desse modo, poderão ser especificados os tipos de câmaras e de unidades de refrigeração adequados que atenderão às reais necessidades da operação no que se refere à conservação dos produtos estocados, às normas e procedimentos de segurança alimentar, ao valor do investimento, à conservação de energia, levando-se em conta ainda a responsabilidade socioambiental.

Algumas informações obtidas pelo gestor do negócio são de extrema importância para o dimensionamento adequado das câmaras. Assim, deverão ser levantados dados sobre: natureza, finalidade, utilização, cardápio, quantidade de refeições, turnos de trabalho, processos de elaboração, estoque estratégico, sazonalidade, logística na entrega dos produtos, conceitos de mercado, projeção de investimento, retorno do capital investido, local de implantação, arquitetura, legislação, normas e regulamentações, vida útil esperada, etc.

Esses dados poderão prever:

- Dimensões, quantidade e *layout* das câmaras.
- Produtos a serem estocados (ou *mix* de produtos).
- Temperatura de conservação dos produtos.
- Temperatura de entrada dos produtos.
- Carga diária de produtos/dia (kg).
- Tipo de estocagem dos produtos: estantes, caixas empilhadas sobre estrados, gancheiras, paletes, etc.
- Capacidade de estocagem máxima (kg).
- Local previsto para instalação das unidades condensadoras.

FOTO 10: CÂMARA FRIGORÍFICA. FABRICADA POR SÃO RAFAEL CÂMARAS FRIGORÍFICAS.
Cortesia: São Rafael.

Alguns requisitos essenciais são necessários para uma câmara modular de boa qualidade, como:

- **FIXAÇÃO ENTRE MÓDULOS:** sistema que proporciona perfeita vedação das juntas, permitindo montagens rápidas e limpas e, posteriormente, desmontagens e remontagens sem perdas de qualidade. Para isso, a melhor alternativa é o sistema de engates rápidos (*locks*) de acionamento interno. Os cantos devem, de preferência, ser compostos de painéis inteiriços em ângulo e não pela simples confluência de dois lados.

- **ISOLAMENTO TÉRMICO COM ESPUMA RÍGIDA DE POLIURETANO INJETADO**: de preferência com aditivos retardantes à chama e isenta de CFCs (ecológica). A espessura deve ser calculada conforme diferencial de temperaturas interna e externa (fluxo de calor) e a capacidade e o consumo de energia do sistema de refrigeração.

- **PISO**: para operação em cozinhas de qualquer natureza, o indicado é o sistema de isolamento térmico embutido sob piso de concreto revestido de cerâmica ou resina monolítica. Os pisos nivelados com a área externa – sem degraus ou rampas – são os mais adequados. Pisos em painéis modulares não são recomendados, pois, em médio prazo, a água de lavagem ou proveniente dos produtos estocados (em caso de acidente) acabará por penetrar nas juntas, causando sérios e irreversíveis problemas sanitários.

As câmaras frigoríficas devem ainda possuir:
- dispositivo para descongelamento automático;
- além do fecho externo, dispositivo de segurança para abertura da porta pelo lado interno. As portas devem sempre abrir para fora do recinto refrigerado;
- gaxetas varredoras na parte inferior da porta, sem soleira, para facilitar a entrada de carrinhos;
- luminária blindada à prova de umidade e vapor;
- termômetros interior e exterior com alarme;
- pé-direito máximo de 2,80 m;
- preferencialmente, área mínima de 4 m²;
- o armazenamento interno deve ser feito em estantes de aço inoxidável ou em monoblocos plásticos apoiados sobre estrados;

- localização das unidades condensadoras: deve-se levar em conta a ventilação do local, acesso para manutenção, influência do ruído, distância de tubulação, proteção contra as intempéries e aspectos de arquitetura.

Sobre eles também se pode afirmar que:
- não devem possuir ralo interno;
- quando estiverem a temperaturas inferiores a -18 °C não devem ter abertura direta para a temperatura ambiente, mas para antecâmaras refrigeradas com temperaturas entre +4 °C e +10 °C;

A instalação de câmaras frigoríficas em cozinhas profissionais permite um controle adequado da temperatura dos alimentos, melhores condições de estocagem, além da possibilidade de armazenamento de produtos fora de sua sazonalidade.

O *Codex Alimentarius*, na Seção IV – (A), item 4.3.14, estabelece que:

- Os estabelecimentos precisam ter câmaras para refrigeração e/ou congelamento com espaço suficiente para acomodar os gêneros crus sob temperaturas apropriadas.
- Os estabelecimentos devem contar com refrigeradores e/ou *freezers*, ou, ainda, equipamento especial (túneis de congelamento) para resfriar ou congelar os alimentos.
- Os estabelecimentos devem ter seus refrigeradores e/ou *freezers* ou equipamento para armazenamento refrigerado e/ou congelado de alimentos preparados, em quantidade correspondente ao máximo da atividade diária do estabelecimento.
- Todos os espaços refrigerados devem ser equipados com dispositivos de medição ou registro de temperatura, os quais devem ficar bem à vista e instalados de tal maneira que registrem o máximo de temperatura do espaço refrigerado, com a maior precisão. Sempre que possível, as câmaras destinadas ao armazenamento de alimentos refrigerados ou congelados devem ser equipadas com alarmes de temperatura.

REFRIGERADOR E CONGELADOR (*FREEZER*) HORIZONTAIS

Além de manter os alimentos a temperaturas adequadas, o refrigerador e o congelador horizontais servem como superfícies de apoio nas áreas de preparo. Podem ter o tampo de aço inoxidável, granito ou polietileno. Podem apresentar de uma a quatro portas e cabine com compressor acoplado ou remoto (colocado à distância).

Devem ainda possuir:

- construções interna e externa de aço inoxidável (preferencialmente) com isolamento em poliuretano injetado expandido no local (forma);
- evaporador de ar forçado para melhor circulação do ar frio interno da cabine;
- cantoneiras internas para encaixe de recipientes *gastronorms*;
- boa ventilação no local da instalação do compressor;
- compressores que utilizem um gás isento de CFC, para não causar dano à camada de ozônio.

FOTO 11: REFRIGERADOR HORIZONTAL. FABRICADO POR TOPEMA COZINHAS PROFISSIONAIS.
Cortesia: Topema.

REFRIGERADOR E CONGELADOR (*FREEZER*) VERTICAL

São equipamentos que possuem as mesmas características dos refrigeradores e congeladores horizontais. Utilizados em áreas de armazenamento, podem ter portas de vidro, desde que tenham resistência para evitar o suor e embaçamento da porta.

Devem ter até no máximo três portas inteiriças ou seis bipartidas para um único compressor, além de possuírem pares de cantoneiras para encaixe de recipientes *gastronorms*.

FOTO 12: REFRIGERADOR EXPOSITOR VERTICAL. FABRICADO POR TOPEMA COZINHAS PROFISSONAIS.
Cortesia: Topema.

CONGELADOR E RESFRIADOR RÁPIDO

É um equipamento que permite resfriar ou congelar alimentos rapidamente, abrangendo de +3 °C até -18 °C.

O método de resfriamento rápido é o único capaz de evitar a alteração na qualidade e na condição natural dos alimentos, impedindo que eles permaneçam expostos à zona térmica de risco entre 60 °C e 10 °C. O resfriamento à temperatura ambiente ou em um refrigerador convencional é perigosamente lento.

Esse equipamento propicia uma economia em torno de 30%, pois possibilita: preparo com antecedência, melhores compras pelo aumento de vida útil do alimento, menores perdas de peso por evaporação e maior economia, uma vez que o alimento é conservado por mais tempo.

FOTO 13: RESFRIADOR/CONGELADOR RÁPIDO. FABRICADO POR SÃO RAFAEL CÂMARAS FRIGORÍFICAS.
Cortesia: São Rafael.

No caso do congelamento, a rápida penetração do frio durante o processo permite que o líquido presente nos tecidos celulares dos alimentos seja congelado na forma de microcristais que não danificam a estrutura do produto, conservando, ao serem descongelados, a consistência e a coloração originais, pois os alimentos não sofrem perda de líquidos, nem alteração em sua estrutura.

Sobre o resfriamento e o congelamento, a RDC nº 216 estabelece que:

> O processo de resfriamento de um alimento preparado deve ser realizado de forma a minimizar o risco de contaminação cruzada e a permanência do mesmo em temperaturas que favoreçam a multiplicação microbiana. A temperatura do alimento preparado deve ser reduzida de 60 °C (sessenta graus Celsius) a 10 °C (dez graus Celsius) em até duas horas. Em seguida, o mesmo deve ser conservado sob refrigeração a temperaturas inferiores a 5 °C (cinco graus Celsius), ou congelado à temperatura igual ou inferior a -18 °C (dezoito graus Celsius negativos).

LAVADORA DE LOUÇAS

É o equipamento que faz a lavagem automática de louças e utensílios. O princípio básico do funcionamento de uma máquina de lavar louças é um jato de água quente que é bombeado sobre os materiais que serão lavados.

O aquecimento da água de lavagem pode ser elétrico ou a vapor; já para a água de enxágue, a máquina deverá dispor de um aquecedor próprio opcional, caso no local da instalação não haja rede de água quente com temperatura em fluxo suficiente. A alimentação pode ser elétrica, a gás ou a vapor.

Alguns modelos vêm com um tanque para a pré-lavagem dos utensílios, que faz a remoção dos restos de alimentos mais pesados antes de a louça entrar no tanque de lavagem. O dimensionamento do equipamento é feito pelo número de refeições produzidas, o número de utensílios e louças utilizados por refeição e o tipo de serviço oferecido.

A operação de recebimento da louça suja na copa de lavagem é resumida por Silva Filho (1996, p. 108):

- a louça devolvida do salão é recebida pelo operador da máquina, que realiza uma pré-lavagem com um esguicho em uma cuba com triturador;
- a louça já pré-higienizada é acondicionada em gavetas plásticas especiais para serem introduzidas na máquina para a lavagem;
- após a lavagem em temperatura de 55 °C a 65 °C, a louça passa pelo enxágue a uma temperatura de 80 °C a 90 °C com tensoativo, sendo que os utensílios ao saírem da máquina, em contato com o ar ambiente, secam automaticamente.

A utilização da máquina de lavar louças proporciona economia considerável de água em relação à lavagem manual, além de diminuir a quebra de utensílios, permitir melhor higienização e a redução de mão de obra.

Equipamentos, recipientes e apoios para preparação de alimentos

BATEDEIRA

Equipamento utilizado para bater e misturar massas leves e pesadas, sendo acionado por motor elétrico. Possui uma tigela estacionária, batedores giratórios que cobrem uma grande área e acessórios que, uma vez acoplados, podem realizar tarefas como moer carne e fatiar legumes. Batedeiras industriais têm capacidade de 12 litros até 500 litros.

DESCASCADOR DE TUBÉRCULOS

Conhecido popularmente como descascador de batatas, é um equipamento que descasca também qualquer tipo de tubérculo. Possui uma lixa interna que raspa a casca dos alimentos associada a um jato de água; fazendo um movimento circular, descasca o alimento por abrasão. Sob o equipamento deve haver uma caixa para decantação dos resíduos, que funciona como uma peneira, para que eles não sejam despejados diretamente no esgoto.

PROCESSADOR DE ALIMENTOS E *CUTTER*

São empregados para processar diversos tipos de alimentos, como legumes, frutas, queijos e carnes, pois facilitam a padronização de cortes. Servem para misturar, picar, liquidificar, moer, amassar, fatiar, ralar, cortar em cubos, em palitos e em *julienne*.

BANCADA OU MESA DE APOIO

A escolha do material das superfícies sobre as quais são preparados os alimentos é fundamental para impedir a proliferação de bactérias.

Conforme Kinton, Ceserani e Foskett (1999, p. 409), as mesas devem:

- ser feitas de material durável e impermeável, preferencialmente de aço inoxidável, que não enferruja, e cujas partes são soldadas com argônio, que eliminam fendas e juntas abertas;
- ter pés, também chamados de pernas, de aço inoxidável e, preferencialmente, de forma tubular, para que sejam eliminados os cantos nos quais poderá haver acúmulo de sujeira. Não colocar os tampos sobre muretas de alvenaria, pois elas acarretam falta de mobilidade ao equipamento;
- aguentar repetidas limpezas e altas temperaturas, ácidos dos alimentos e resistir a manchas;
- suportar pesos de equipamentos e impactos sem deformar, rachar ou dobrar.

As bancadas de trabalho devem ser construídas com chapa de aço inoxidável AISI 304, liga 18:8, com espessura mínima de 1,2 mm, acabamento polido fosco, largura de 700 mm e altura entre 850 mm e 900 mm.

As cubas localizadas nas mesas também devem ser de aço inoxidável AISI 304, liga 18:8, acabamento polido fosco, com furação central para válvula americana de 3 ½" e espessura mínima de 1 mm. As cubas precisam ter cantos arredondados para facilitar a higienização e ser soldadas com material adequado, para que não haja vestígio de junção.

Nas áreas de preparo, as cubas deverão ter medidas de 500 mm × 400 mm × 250 mm; nas áreas de lavagem, 600 mm × 500 mm ×

450 mm; e, nas pias que receberem triturador, a profundidade não deverá ultrapassar 150 mm.

No setor de confeitaria, empregam-se tampos de granito inteiriço nas bancadas, sem emendas, para facilitar a abertura das massas. O mármore não é indicado por ser um material poroso e de fácil contaminação.

RECIPIENTE *GASTRONORM*

Elaboradas por técnicos e consumidores suíços e publicadas no ano de 1964, as *gastronorms,* ou normas gastronômicas, são um sistema de medidas para os objetos empregados na cozinha. De uso corrente naquelas de grandes dimensões, conforme Fengler (*apud* Silva, 1998, p. 91):

> Com a criação das *gastronorms*, os equipamentos para serviços profissionais de alimentação, como refrigeradores, congeladores, balcões térmicos de distribuição, mesas frias, fornos, etc. começaram a ser dimensionados de acordo com as novas medidas dos utensílios; portanto, as *gastronorms* acabam por ser uma unidade de dimensionamento da cozinha industrial.

Como a dimensão dos equipamentos é definida por essas normas, os espaços também acabam por segui-las, uma vez que estão intimamente relacionados entre si.

Conforme Silva (*ibid.*, pp. 92-93), "a utilização das *gastronorms* possibilita a modulação, facilitando o dimensionamento de equipamentos, permitindo diversas composições e maximizando a utilização dos espaços para armazenamento"; além disso, traz vantagens como:

- facilidade de transporte com o mínimo de manuseio;
- economia com a aquisição de muitos tipos de recipientes;
- economia de espaço para armazenamento, pois são empilháveis.

Segundo Fengler (*apud* Silva, 1998, p. 93), "o ponto de partida das normas gastronômicas é a dimensão das cubas normatizadas, tão difundidas em todo o mundo: 530 mm × 325 mm = 1/1. De sua duplicação (2/1) e de suas subdivisões (1/2; 1/4; 1/3; 2/3; 1/6) se obtém um sistema bastante variado". A profundidade das cubas *gastronorms* pode variar de 20 mm até 200 mm.

As cubas *gastronorms* são fabricadas com aço inoxidável AISI 304, liga 18:8, podendo ser fechadas ou perfuradas, de policarbonato ou esmaltadas.

TÁBUAS DE CORTE EM POLIETILENO

As tábuas de corte não devem ser de madeira, mas de polietileno, material muito mais higiênico. Para cada tipo de alimento manipulado, empregam-se cores diferentes, conforme Kinton, Ceserani e Foskett (1999, p. 410):

- vermelho para carne bovina crua;
- azul para peixe cru;
- bege para carnes cozidas;
- verde para vegetais;
- amarelo para aves cruas;
- branco para uso geral.

Os tampos das bancadas das áreas de carnes podem ser de polietileno branco.

CARROS DE APOIO E MOVIMENTAÇÃO DE GÊNEROS

São utilizados desde a recepção até o recolhimento de utensílios do salão de refeições, para transporte de recipientes vazios, bandejas, pratos, talheres, contentores, etc.

Devem ser de aço inoxidável e possuir duas rodas fixas e duas rodas giratórias com trava para facilitar sua utilização. Há vários modelos disponíveis no mercado, entre os quais, conforme Silva Filho, destacam-se (1996, p. 161):

- **CARRO PLATAFORMA:** transporte de cargas pesadas.
- **CARRO PARA DETRITOS:** acondicionamento do lixo nas áreas de preparo e transporte para o depósito de lixo. Deve possuir abertura da tampa com acionamento por pedal.
- **CARRO CANTONEIRA:** transporte de bandejas e recipientes *gastronorm* entre as áreas.

- **CARRO PARA DISTRIBUIÇÃO DE PÃES, TALHERES E BANDEJAS:** localizado no início da linha de distribuição do refeitório.
- **CARRO PARA TRANSPORTE DE LOUÇAS:** pode ser aberto ou fechado;
- **CARRO PARA CEREAIS:** próprio para transporte e lavagem de cereais, possui anteparo frontal para a retenção de grãos.

Outros equipamentos

TRITURADOR E COMPACTADOR DE RESÍDUOS

É um equipamento instalado nas cubas das mesas, constituído de uma série de facas internas, com a finalidade de triturar os resíduos sólidos orgânicos, lançando-os na forma de pequenas partículas à rede de esgoto.

Possui uma câmara de trituração em aço inoxidável, elementos de trituração em ferro fundido de dupla direção e motores.

Atualmente, trituradores da InSinkErator® possuem sistema opcional Aqua Saver®, que pode reduzir o consumo de água em até 70%.

A InSinkErator® fabrica também o sistema Waste Xpress®, que processa resíduos líquidos e sólidos, economizando tempo na separação dos resíduos. Ele tritura restos de cozinha que, em seguida, são enviados para a seção de desidratação, onde a água é eliminada. Os resíduos sólidos são reduzidos em até 85% de seu volume original. Até 317,5 kg por hora podem ser processados.

FOTO 14: TRITURADOR DE RESÍDUOS WASTE XPRESS®.
Cortesia: InSinkErator®.

SISTEMAS DE EXAUSTÃO

Os sistemas de exaustão para serviços profissionais de alimentação compreendem captação, filtragem, tratamento e emissão de gases para o exterior.

Captor ou coifa é o elemento que capta vapores, gases gordurosos e calor gerados nos equipamentos de cocção ou na copa de lavagem. É instalado em cima da fonte geradora de vapor ou fumaça de gordura, podendo ser dotado de filtros, no caso de gordura, ou não, no caso de vapores. O tamanho da coifa deve sempre exceder, ao menos, 150 mm do perímetro total do equipamento ou do conjunto de equipamentos. A vazão de exaustão de ar deve obedecer à norma ABNT NBR 14518 (Sistemas de ventilação para cozinhas profissionais).

As coifas e os captores devem ser complementados por rede de dutos e ventilador que conduza os gases para o ambiente externo. Os dutos devem ser de aço inoxidável quando estiverem aparentes, ou de aço carbono quando não estiverem aparentes, sempre integralmente soldados e/ou flangeados e respeitando as espessuras especificadas em norma. Portas para inspeção e limpeza são obrigatórias.

Os sistemas de combate a incêndio são itens obrigatórios por norma e devem ser instalados nas coifas de exaustão. Os sistemas à base de elementos químicos úmidos (saponificantes) são os recomendados atualmente para extinção do fogo sobre os equipamentos de cocção.

Os problemas mais comuns nos sistemas convencionais de exaustão são:

- impregnação excessiva de gordura nos dutos entre a coifa e o equipamento de tratamento (lavadores de ar, filtros eletrostáticos e precipitadores);
- grande espaço ocupado pelos equipamentos de tratamento;
- alto risco de incêndio;
- manutenção frequente e dispendiosa na limpeza na rede de dutos;
- alto consumo de energia;
- ruído excessivo nos ambientes interno e externo.

FOTO 15: COIFA ILHA LAVADORA *WASH PULL*. FABRICADA POR MELTING ANTIPOLUIÇÃO E VENTILAÇÃO.
Cortesia: Melting.

FOTO 16: COIFA DE PAREDE COM FILTRO *FIRE GUARD*. FABRICADA POR MELTING ANTIPOLUIÇÃO E VENTILAÇÃO.
Cortesia: Melting.

As coifas chamadas *wash pull*® fazem a exaustão e a lavagem de gordura, e as *wash-push-pull*®, além da exaustão e da lavagem de gordura, fazem também o insuflamento de ar limpo por meio de sistemas de filtros multiciclônicos KSA®.

A empresa Melting fabrica no Brasil as coifas *wash pull*®, que consistem em um sistema de lavagem de gases exauridos por meio do impacto contrafluxo com a cortina de água, formando uma expansão dos vapores no interior da câmara de condensação contínua, seguida de brusca alteração na trajetória, que promove a centrifugação das partículas. Os aglomeradores de partículas chamados de *battles* rotativos têm a função de centrifugar e reter a mistura com a aglomeração das partículas. Para evitar que haja arrastamento de água para a rede de dutos, o sistema possui um eliminador que retém as gotículas de água por meio de deflexões que promovem o seu esgotamento. O sistema é totalmente automatizado.

As vantagens desse sistema são:

- sistema de lavagem de ar integrado à coifa;
- alta eficiência na retenção de vapores gordurosos;
- maior proteção contra a propagação de incêndio na exaustão;
- condensação contínua dos vapores;
- drenagem automática de condensados;
- dosagem automática de detergente;
- economia no custo de implantação e operação em cozinhas com ar-condicionado.

A multinacional Halton, associada no Brasil à Refrin, fabrica um outro sistema que agrega alta tecnologia às coifas, pois destrói as moléculas de gordura por luz ultravioleta (UV).

O Capture Jet®, também uma tecnologia da Halton Refrin, pode reduzir a vazão de exaustão de 30% a 40% quando agregado às coifas. O consumo de energia diminui proporcionalmente. Além disso, redes de duto menores, ventiladores de exaustão e reposição de ar reduzida geram aumento significativo do conforto térmico nas cozinhas e eliminam o consumo de água para lavagem de gases.

A Halton Refrin fabrica também no Brasil a linha de despoluidores ambientais EcoloAir® para filtragem de alta eficiência, que elimina gorduras residuais e odores, evitando possíveis problemas com a vizinhança.

Na Europa, alguns países empregam, em cozinhas profissionais de grande porte, o forro de exaustão e ventilação denominado forro ou teto ventilado, também fabricado pela empresa Halton, que proporciona mobilidade total dos equipamentos de cocção.

FOTO 17: EXEMPLO DE COIFA HALTON REFRIN COM TECNOLOGIA CAPTURE JET®, FILTRAGEM INERCIAL MULTICICLÔNICA POR MEIO DE FILTROS KSA®, REPOSIÇÃO DE AR FRONTAL E SISTEMA DE COMBATE A INCÊNDIO POR AGENTE SAPONIFICANTE.
Cortesia: Halton Refrin.

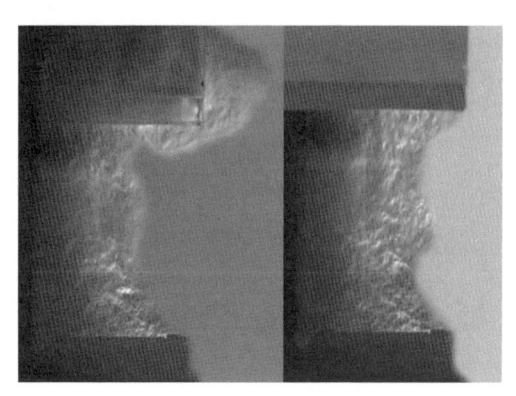

FOTO 18: À ESQUERDA, COIFA HALTON REFRIN COM CAPTURE JET® DESLIGADO – ESCAPE DE CALOR E CONTAMINANTES PARA A COZINHA; À DIREITA, COIFA HALTON REFRIN COM CAPTURE JET® LIGADO – TOTAL EFICIÊNCIA DE CONTENÇÃO COM BAIXA VAZÃO DE EXAUSTÃO.
Cortesia: Halton Refrin.

Serviços profissionais de alimentação

Institucional

> A alimentação pode ser considerada como remuneração indireta, sendo também ferramenta para a educação e um indicador de saúde e segurança.
>
> Jorgete Leite Lemos[1]

Os serviços de alimentação institucionais, como empresas e hospitais, devem ter, segundo a regra, a supervisão de um nutricionista, profissional que possui os conhecimentos necessários para a elaboração de cardápios balanceados e direcionados para cada tipo de estabelecimento.

Em termos de organização, esses serviços podem ser administrados de três maneiras diferentes:

- **AUTOGESTÃO:** todas as etapas são realizadas pela própria empresa.
- **TERCEIRIZADO:** todas as etapas são realizadas por uma empresa contratada para isso, especialista na área de alimentação. Essa

---

[1] Jorgete Leite Lemos, em Qualidade de vida: Fórum Alimentação no 3º milênio. Em revista *Nutrinews*, São Paulo, novembro de 1999. Disponível em: http://www.nutrinews. com.br/edicoes/9911/mat01.html. Acessado em 12-1-2004.

empresa pode administrar o serviço de três formas: desenvolver todo o processo dentro da própria unidade onde são servidas as refeições; confeccionar toda a refeição em uma cozinha central e transportá-la para a unidade onde será servida;[2] ou executar um serviço misto, confeccionando parte dos processos em uma cozinha central e parte na unidade em que será servida, onde pode, por exemplo, dar acabamento às saladas ou grelhar as carnes.

- **SISTEMA MISTO, CONTRATO POR ADMINISTRAÇÃO OU MANDATO:** as compras são realizadas pela empresa contratante e a parte de serviços, como o fornecimento da mão de obra, é feito pela contratada. Há ainda a possibilidade de a contratante pagar uma porcentagem sobre os gastos totais que a contratada tem para executar os serviços, incluindo-se mão de obra e gêneros.

Indústria

No Brasil, o número de trabalhadores que recebe refeição dentro das empresas ainda está muito aquém do ideal. Políticas de incentivo, como a Lei nº 6.321/76, que instituiu o PAT (Programa de Alimentação do Trabalhador), sendo regulamentada em 1991 pelo Pronam (Programa Nacional de Alimentação e Nutrição), estabeleceram mecanismos e facilidades para a alimentação do trabalhador, como dedução de parte das despesas operacionais do refeitório diretamente do Imposto de Renda. Políticas desse tipo são relevantes, porque muitos trabalhadores fazem uma única refeição por dia, aquela que é oferecida pela empresa, tendo, portanto, sua produtividade diretamente ligada à alimentação.

Os restaurantes das empresas têm por característica principal o serviço realizado em horários predeterminados. Podem oferecer serviços de desjejum, almoço, jantar, ceia e lanche, devidamente balanceados para suprir as energias dos diferentes tipos de público, ou seja, um trabalhador braçal receberá uma refeição apropriada para o gasto de

---

[2] Esse tipo de serviço não costuma ser muito recomendável por causa dos riscos de contaminação que podem ocorrer em razão das variações de temperatura do momento da cocção até o momento de servir a refeição.

energia que sua função exige, enquanto a refeição de um funcionário de escritório será menos energética, pois suas atividades, na maioria das vezes, são mais sedentárias. Nas empresas, o público consumidor é fixo; assim, o cardápio é variado diariamente.

Hospitais

No Brasil, a organização dos serviços profissionais de alimentação dentro de hospitais teve seu maior desenvolvimento nas últimas cinco décadas. Anteriormente, as instalações, os equipamentos e a área física eram pequenas, desprovidas de recursos mínimos necessários e com iluminação e ventilação deficientes.

Conforme Mezomo (2002), as dietas eram preparadas por uma cozinheira leiga que "entendia de comida para doentes". As explicações eram recebidas diretamente do médico, da enfermeira ou da madre superiora, responsáveis pelo serviço de alimentação.

Somente a partir dos anos 1950 o serviço iniciou sua profissionalização, mediante a introdução da dietoterapia para pacientes, com a participação de nutricionistas formados e a valorização das refeições para os funcionários.

O serviço de alimentação em um hospital absorve por volta de 10% de todo o quadro de funcionários, exigindo elevado investimento em instalações físicas, além de uma considerável área para sua implantação. O objetivo inicial de um serviço de alimentação hospitalar é contribuir para o restabelecimento da saúde do paciente e para uma boa imagem da instituição. Portanto, um serviço desse tipo não pode, de forma alguma, aceitar improvisações, nem deixar de incorporar os recursos hoje disponíveis em termos de planejamento, estrutura, equipamento e organização.

Assim como em outros serviços profissionais de alimentação, nos hospitais eles também devem ser implantados de forma coerente, considerando-se: localização física estratégica, fluxo de produção e circulação, política de compras e armazenamento e aquisição de equipamentos que atendam às necessidades de racionalização dos serviços. A circulação vertical deve ser de fácil acesso para possibilitar a distribuição exclusiva e rápida das refeições para os pacientes.

PLANEJAMENTO

Em um hospital, vários fatores devem ser levados em conta para o planejamento do serviço de alimentação, segundo Mezomo (2002, pp. 88-89):

- tipo do hospital;
- padrão de atendimento;
- especialidade;
- capacidade total;
- número de leitos por especialidade;
- número de refeições a serem servidas;
- localização do serviço;
- tipo de cardápio;
- política de compras;
- escolha do sistema de transporte de refeições às unidades de internação;
- levantamento de todo o equipamento necessário;
- número e tipo de jornada dos funcionários envolvidos no serviço.

O número de refeições servidas em um hospital não deve ser dimensionado pelo número de leitos, pois além dos pacientes internados deve-se levar em conta acompanhantes, médicos e funcionários que farão refeições no local.

Para os pacientes, existem três sistemas de distribuição:

- **SISTEMA CENTRALIZADO:** a refeição é preparada, porcionada, identificada e distribuída pela própria cozinha. Esse sistema, considerado o melhor, tem como vantagens:
  - » menor manipulação dos alimentos, reduzindo, consequentemente, a possibilidade de contaminação;
  - » racionalização do sistema, gerando uma melhor conservação de temperatura;
  - » melhor supervisão dos serviços;
  - » supressão de copas nos andares, exigindo apenas pequenas copas para distribuição das dietas fracionadas e das mamadeiras.

Nesse sistema, a refeição é montada em uma esteira rolante instalada na própria cozinha. O paciente recebe sua refeição pronta, acondicionada em embalagem hermética.

- **SISTEMA DESCENTRALIZADO**: a refeição é preparada na cozinha, os alimentos são acondicionados em carros térmicos e transportados para as copas das unidades de internação, onde são feitos o porcionamento, a identificação e a distribuição das refeições. As desvantagens desse sistema são:
  - » maior manipulação dos alimentos, o que concorre para um maior grau de contaminação e perda de aparência na apresentação final do prato;
  - » devido ao reaquecimento, possibilidade de alteração ou perda de sabor dos alimentos;
  - » supervisão precária;
  - » possibilidade de porcionamento inadequado para as necessidades do paciente;
  - » possibilidade de trocas e enganos na montagem e distribuição;
  - » desperdício de áreas físicas, equipamentos e instalações, pela existência de copas em todas as unidades de internação.
- **SISTEMA MISTO**: parte da distribuição é centralizada e parte, descentralizada. Existem três formas conhecidas desse sistema:
  - » dieta geral e dietas especiais de rotina têm distribuição descentralizada, mas dietas especiais de controle têm distribuição centralizada. Esse sistema é o mais frequente no Brasil;
  - » distribuição centralizada do almoço e jantar, consideradas as refeições principais, e distribuição descentralizada de desjejuns e lanches, consideradas as refeições intermediárias;
  - » distribuição centralizada da parte quente das refeições e descentralizada da parte fria (sucos, saladas e sobremesas).

Para acompanhantes e funcionários existem as seguintes formas de distribuição, que, em alguns casos, muito se assemelham a um restaurante industrial ou comercial:

- **BALCÃO DE DISTRIBUIÇÃO TÉRMICO E REFRIGERADO:** o comensal é servido por um funcionário do serviço de alimentação ou dispõe de *self-service*, em que o próprio comensal faz seu porcionamento do alimento, contribuindo para o controle do desperdício.
- **À FRANCESA:** servido por garçons no sistema de escolha de pratos, ou seja, *à la carte* ou empratado.

Sempre que possível, o refeitório de funcionários deve ser separado do refeitório de acompanhantes, que requer preparações culinárias mais diversificadas, além de proporcionar um ambiente mais agradável, livre das tensões que envolvem naturalmente o ambiente.

As áreas necessárias para um serviço de alimentação hospitalar são semelhantes às dos demais projetos, com exceção de algumas especificidades. Conforme Mezomo (*ibid.*, p. 111), além da cozinha de preparação geral, com os setores de apoio, preparo e cocção, os hospitais necessitam de:

- **COZINHA DIETÉTICA:** área destinada à confecção das dietas especiais.
- **SETOR DE PREPARO DE SONDAS:** destinado ao preparo e à distribuição das sondas enterais e nasogástricas. Deve ser um local reservado e exclusivo para esse fim e dispor de condições ideais de isolamento, para um perfeito controle bacteriológico. É dividido em:
  » sala de paramentação ou antessala;
  » sala de higienização, onde é feita a lavagem inicial dos frascos sujos que retornam após o uso;
  » sala de preparo e distribuição de sondas, com autoclave para esterilização dos frascos e outros equipamentos.
- **LACTÁRIO:** destinado ao preparo e à distribuição das formas lácteas e complementares para os lactentes.

Ainda conforme a autora (*ibid.*, p. 288), o lactário deve ser próximo ao Centro de Material Esterilizado, ao Serviço de Alimentação ou, ainda, ao berçário. A escolha da localização deve ser baseada em:

- maior afastamento possível das áreas infectocontagiosas;

- maior afastamento possível das áreas de circulação de pessoas, pacientes e visitantes;
- máxima proteção contra a contaminação do ar;
- proximidade do berçário;
- maior proximidade possível do serviço de alimentação, para facilitar a supervisão e o abastecimento de gêneros.

A sala de limpeza e a sala de preparo das mamadeiras devem se comunicar, preferencialmente, por meio de uma autoclave que tenha portas de ambos os lados, ou por um guichê.

O setor de porcionamento e distribuição de alimentos executa esse tipo de serviço, direcionando-o a pacientes, a funcionários, a acompanhantes e a visitantes. Conforme o sistema adotado, as dietas que seguem para os leitos são transportadas em carros isotérmicos para conservação das temperaturas dos alimentos.

Em hospitais, a copa de lavagem requer uma atenção especial. Sempre que possível, é desejável que os utensílios de retorno dos pacientes sejam descartáveis, para evitar contaminações. Quando isso não for possível, essa copa deve ser separada da copa de lavagem dos funcionários e acompanhantes. Deve-se prever também um espaço para a lavagem dos carros isotérmicos empregados na distribuição dos alimentos aos pacientes.

A RDC nº 50, de 21 de fevereiro de 2002, da Anvisa,[3] dispõe sobre o Regulamento Técnico para planejamento, programação, elaboração e avaliação de projetos físicos de estabelecimentos assistenciais de saúde, dirimindo todas as dúvidas técnicas relativas a projetos na área de serviços de alimentação hospitalar.

LIXO

Conforme Mezomo (2002, pp. 259-260), em todos os hospitais devem ser previstos o espaço e o equipamento necessários para a coleta higiênica e a eliminação do lixo, de naturezas séptica e asséptica.

A Anvisa, por meio da RDC nº 33, de 25 de fevereiro de 2003, publicada no DOU de 5 de março de 2003, que dispõe sobre o Regulamento

---

[3] Disponível em: http://www.anvisa.gov.br. Acesso em: 7-2-2004.

Técnico para o gerenciamento de serviços de saúde, classifica os Resíduos de Serviços de Saúde (RSS) provenientes dos restos da alimentação de pacientes internados como pertencentes ao "Grupo A (potencialmente infectantes) – resíduos com a possível presença de agentes biológicos que, por sua característica de maior virulência ou concentração, podem apresentar risco de infecção".

Dentro do Grupo A, os resíduos dos pacientes enquadram-se na classificação A5, que os descreve como sendo "todos os resíduos provenientes de pacientes que contenham ou sejam suspeitos de conter agentes Classe de Risco IV (Apêndice II da Resolução), que apresentem relevância epidemiológica e risco de disseminação".

Quanto ao manejo dos resíduos do Grupo A5, a Resolução, no item 8.4.1, destaca que os restos das refeições dos pacientes "devem ser submetidos obrigatoriamente a processo de descontaminação por autoclavação, dentro da unidade. Posteriormente, devem ser encaminhados ao sistema de incineração,[4] não podendo ser descartados diretamente, em qualquer tipo de destino final".

Conforme a RDC nº 33, o armazenamento temporário desses resíduos deve atender o que prescreve o item 8.11:

- O armazenamento temporário de resíduos do Grupo A deve ser feito em sala que servirá para o estacionamento e/ou guarda dos recipientes de transporte interno de resíduos, vazios ou cheios, devidamente tampados e identificados.
- A sala para guarda de recipientes de transporte interno de resíduos deve ter pisos e paredes lisas e laváveis. O piso deve ser ainda resistente ao tráfego dos recipientes coletores. Possuir ponto de iluminação artificial e área suficiente para armazenar, no mínimo, dois recipientes coletores, para posterior traslado até a área de armazenamento externo. Quando a sala for exclusiva para o armazenamento de resíduos, deve estar identificada como "Sala de resíduos".

---

[4] A incineração do lixo hospitalar não é obrigatória como meio de tratamento, porém é considerada a melhor alternativa, pois reduz drasticamente o volume dos resíduos. Por causa da emissão de gases tóxicos, a usina de incineração precisa ser muito bem projetada e, preferencialmente, ficar sob a responsabilidade de órgãos governamentais, que devem assumir a recolha desse lixo e posterior queima controlada.

[...]

- A sala para o armazenamento temporário pode ser compartilhada com a sala de utilidades. Neste caso, a sala deverá ser acrescida de no mínimo 2 m², área suficiente para armazenar, no mínimo, dois recipientes coletores, para posterior traslado até a área de armazenamento externo.

- Os resíduos de fácil putrefação que venham a ser coletados em período superior a 24 horas, devem ser conservados sob refrigeração, e quando não for possível, deverão ser submetidos a outros métodos de conservação.

Os resíduos comuns (Grupo D), conforme a Resolução nº 33 da Anvisa, são definidos como os "resíduos gerados nos serviços abrangidos por esta resolução que, por suas características, não necessitam de processos diferenciados relacionados ao acondicionamento, identificação e tratamento, devendo ser considerados resíduos sólidos urbanos – RSU".

No Grupo D estão enquadradas as sobras de alimentos e de seu pré-preparo, restos da alimentação de funcionários, restos alimentares de refeitórios e de outros que não tenham mantido contato com secreções, excreções ou outro fluido corpóreo e de pacientes. Essas sobras podem ser encaminhadas para compostagem, acondicionadas em sacos na cor marrom, conforme a resolução do Conama nº 175, de 25 de abril de 2001.

Quanto ao armazenamento externo dos resíduos dos grupos A e D, a Anvisa determina, no item 13 da Resolução nº 33:

- O armazenamento externo, denominado de abrigo de resíduos, deve ser construído em ambiente exclusivo, com acesso externo facilitado à coleta, possuindo no mínimo, ambientes separados para atender o armazenamento de recipientes de resíduos do Grupo A e do Grupo D. O abrigo deve ser identificado e restrito aos funcionários do gerenciamento de resíduos, de fácil acesso aos recipientes de transporte e aos veículos coletores. Os recipientes de transporte interno não podem transitar pela via pública externa à edificação para terem acesso ao abrigo de resíduos.

- O abrigo de resíduos do Grupo A e D deve ser dimensionado de acordo com o volume de resíduos gerados, com capacidade de armazenamento dimensionada de acordo com a periodicidade de coleta do sistema urbano local. O piso deve ser revestido de material liso, impermeável, lavável e de fácil higienização. O fechamento deve ser constituído de alvenaria revestida de material liso, lavável e de fácil higienização, com aberturas para ventilação, de dimensão equivalente a, no mínimo, 1/20 (um vigésimo) da área do piso, com tela de proteção contra insetos.
- O abrigo referido no item 13.2 deste RT deve ter porta provida de tela de proteção contra roedores e vetores, sentido de abertura para fora, de largura compatível com a largura dos recipientes de coleta externa, pontos de iluminação e de água, tomada elétrica, canaletas de escoamento de águas servidas direcionadas para a rede de esgoto do estabelecimento, ralo sifonado com tampa que permita a sua vedação.

Catering aéreo

Os primeiros serviços de alimentação em linhas aéreas regulares iniciaram-se em 1919, na Europa, em um trajeto entre a Inglaterra e a França, que durava cerca de duas horas, sendo porém rejeitado pela maioria dos passageiros por causa das condições de voo extremamente acidentadas. Era permitido servir apenas chá e café, em razão da baixa altitude e da turbulência sofrida pelas aeronaves, o que poderia gerar má digestão nos passageiros, segundo relata Jones e Kipps (1995).

Por volta de 1927, com voos mais seguros, maior altitude, horários mais regulares e aeronaves mais aerodinâmicas, os serviços de alimentação a bordo tiveram um incremento.

Em 1934, a Qantas e a Imperial Airways firmaram uma parceria e realizaram a primeira viagem intercontinental, que duraria treze dias, contando-se todas as escalas. A refeição tornou-se, então, essencial durante o voo. Estabelecia-se então o primeiro *catering* de propriedade de uma companhia aérea, a Imperial Airways, que se encarregaria de fornecer as refeições durante suas viagens.

Nos Estados Unidos, J. W. Marriott Jr., proprietário de restaurantes em Washington D.C., observou que as pessoas adquiriam pequenos lanches antes de entrar nos aviões para consumir durante a viagem. A partir disso, Marriott criou embalagens especiais para acondicionar os lanches, preservando o sabor e a temperatura dos alimentos.

Com o sucesso dos lanches embalados, Marriott ampliou seus negócios fornecendo refeições para bordo num antigo campo de pouso em Washington, por volta de 1937. Surgiu assim a primeira empresa de *catering*, ou comissária, como também pode ser chamada, conforme Souza (2002, p. 260).

Posteriormente, a tecnologia aeronáutica, desenvolvida especialmente em razão dos combates aéreos durante a Segunda Guerra Mundial, muito contribuiu para o aprimoramento da aviação comercial. Voos de maior alcance, mais rápidos, que cobram distâncias maiores sem escalas também obrigaram as companhias aéreas a pensar em formas de oferecer refeições de qualidade aos passageiros. Esse processo foi intensificado com a era dos jatos, iniciada no final da década de 1950. Já em 1958, o Boeing 707 tornava mais rápidas as viagens transatlânticas, realizando o voo entre Paris e Nova York em oito horas.

No início, o serviço de alimentação de bordo era dirigido ao consumidor de classe alta, único a poder financiar tais viagens. O cardápio de comidas e de bebidas era formulado com base nas experiências de profissionais em hotéis e restaurantes, o que nem sempre era bem aceito, dadas as difíceis condições de voo.

As companhias aéreas administravam individualmente os seus próprios *caterings*; hoje, porém, com a necessidade de uma grande profissionalização dos serviços, da otimização de custos e de logística, as companhias aéreas têm eliminado as atividades de custo marginal e entregado seus serviços de *catering* a empresas especializadas em produzir refeições para serem consumidas a bordo.

Essas empresas geralmente preparam a alimentação em uma cozinha industrial localizada dentro da área do próprio aeroporto ou nas suas imediações. Nesse caso, a comida é preparada, embalada e depois transportada aos locais de embarque apropriados de cada voo. Após o embarque, os alimentos ficam sob a responsabilidade da equipe de bordo, que se encarrega de servi-los aos passageiros.

A partir de 1960, com a consolidação do avião a jato, o turismo em massa cresceu muito. Hoje, estima-se um movimento superior a 500 milhões de passageiros/ano. Para se ter um exemplo, um *catering* aéreo, durante um período de alta produtividade, produz 25.000 refeições/dia, utilizando 800 funcionários. Um Boeing 747 pode ter mais de 40.000 itens a serem embarcados, sem mencionar que as grandes companhias aéreas internacionais chegam a realizar 10.000 decolagens e aterrissagens por dia, observa Monteiro, Cianciardi e Bruna (2003).

Enquanto o serviço no avião se assemelha a um restaurante ou lanchonete comuns, a preparação dessa refeição consiste em uma complexa produção industrial, exigindo um fluxograma moldado em processos e produções.

Conforme Walker (2002, p. 275), os serviços de operação, nesse segmento, implicam uma complexa operação de logística, pois a comida deve ser capaz de suportar as condições de transporte e as variações de temperatura ocorridas no prazo entre a preparação dos pratos e o momento em que são servidos.

Para ser servido à temperatura ideal, um prato deve estar adequado aos processos e equipamentos de conservação e reaquecimento disponíveis no avião. Além disso, a refeição deve estar atraente ao passageiro, ter sabor e adequar-se às dimensões exíguas dos aviões. O fator pontualidade também é muito importante, pois o suprimento de bebidas e alimentos deve ser entregue correta e rigorosamente para cada voo.

O grande volume de refeições produzidas em um *catering*, as diversas etapas de manipulação, as refeições preparadas com antecedência para os voos e o tempo gasto entre o fim da preparação e o consumo requerem um projeto muito bem dimensionado e preciso, para que essas etapas possam ser realizadas da melhor forma técnica possível.

As leis que regem a implantação de projetos para *caterings* aéreos estão baseadas na legislação federal para alimentos e em algumas recomendações da IFSA (In Flight Service Association), entidade americana de normatização de serviços no setor, e na IFCA (In Flight Catering Association), instituição europeia.

A localização do *catering* na área do aeroporto é de fundamental importância para o correto abastecimento e descarregamento das aeronaves. Sempre que possível, ele deve estar localizado próximo da pista onde estão estacionadas as aeronaves, de maneira que o serviço seja realizado de forma segura e rápida, pois, em geral, o período de estada dos aviões nos aeroportos é bastante reduzido e todo o abastecimento ocorre quase que simultaneamente, englobando combustíveis, limpeza da cabine, embarque dos alimentos e amenidades para os passageiros, como jornais, travesseiros, etc.

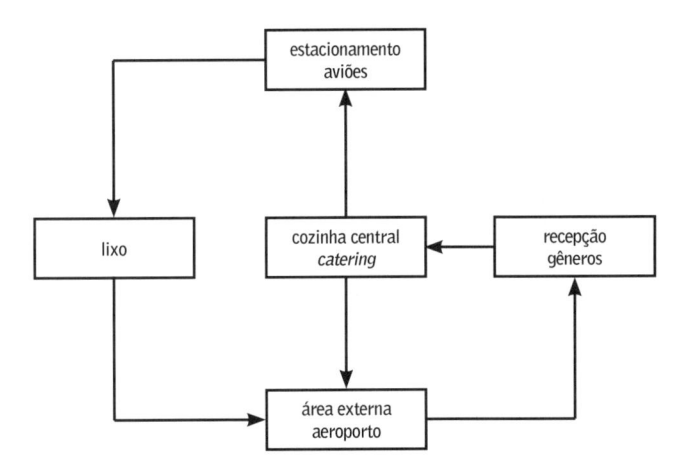

FLUXOGRAMA 2: IMPLANTAÇÃO DO *CATERING* NA ÁREA DO AEROPORTO.
Fonte: Renata Z. Monteiro, 2003.

A localização do *catering* próximo das pistas também facilita as alterações que, eventualmente, sejam necessárias nos planos de montagem das refeições, gerando um menor desperdício de alimentos, pois em alguns voos os passageiros podem escolher seu cardápio com até duas horas de antecedência.

Em aeroportos que dispõem de área reduzida, o *catering* acaba por ser implantado em uma região fora da área aeroportuária, porém relativamente próxima. Isso requer uma atenção especial quanto ao acompanhamento do horário de embarque dos alimentos e um controle rigoroso da temperatura de transporte, pois em um trajeto e tempo maiores aumentam também os riscos de contaminação, segundo Monteiro, Cianciardi e Bruna (2003).

Planejamento

O planejamento do projeto para um *catering* deve sempre levar em conta os tipos de comida a serem preparadas e servidas a bordo. O projeto deverá organizar os vários tipos de equipamentos disponíveis, justificando seu uso e disposição na cozinha.

O processo de produção tem de se concentrar nas técnicas específicas para a produção da comida, desde o processamento do alimento, passando pelo armazenamento, até a chegada ao avião.

O desenvolvimento de projetos para *caterings* deve estar baseado no princípio industrial celular, que é o agrupamento de máquinas e equipamentos em áreas inter-relacionadas dentro de um mesmo processo de produção. O conceito essencial é a redução do gasto de tempo.

Os fatores que influenciarão no projeto para *catering* são a quantidade e a complexidade das refeições a serem produzidas, o capital disponível a ser investido, a política de uso de alimentos pré-preparados, o uso de tecnologia de ponta, a legislação sobre a segurança alimentar e o acesso e a visibilidade fácil das áreas pela supervisão de controle.

A preparação da comida deve ser planejada de modo a permitir um fluxo desde o momento em que é processada, passando pelo ponto de montagem das bandejas e indo até sua distribuição na aeronave, com o mínimo de obstrução. Os processos devem ser separados para que a comida para consumo não cruze com os retornos das aeronaves.

Uma das primeiras etapas do fluxograma de planejamento se inicia com o cardápio e sua interface com o planejamento de voo. Geralmente, o cardápio é repetido a cada duas semanas, sendo substituído totalmente a cada seis semanas. Seu planejamento envolve tempo necessário para a confecção, o tempo e o número de tripulantes disponíveis para o serviço no avião, a possibilidade de o alimento ser consumido dentro do espaço restrito do avião, os odores que podem penetrar na cabine, a possibilidade de a refeição ser reaquecida nas *galleys*[5] e de resistir à baixa umidade e pressão, entre outros importantes fatores.

---

[5] Segundo Souza (2002, p. 261), *galley* é o local da aeronave semelhante a uma copa, onde ficam localizados os *trolleys*, forno, garrafas térmicas, ebulidores, bebidas, etc.

Em geral, nas classes econômicas de voos com menos de uma hora são servidos apenas refrescos simples; de uma até menos de duas horas, são servidos lanches ou refeições rápidas; de duas até menos de três horas, é servida uma refeição principal; e voos com mais de três horas, levam em conta o tempo de viagem, a origem, as escalas e os aeroportos de origem e de destino. O número de refeições para cada voo é passado com 24 horas de antecedência e confirmado até duas horas antes da decolagem, para que o índice de desperdício seja o menor possível, relatam Jones e Kipps (1995).

Projeto

Embora o projeto para *catering* aéreo tenha muito em comum com o processo das cozinhas profissionais, é fundamentalmente divergente em alguns pontos.

Além de necessitar dispor dos mais modernos equipamentos, a fim de aumentar a produtividade, o binômio tempo *versus* temperatura, destinado a reduzir ao máximo os riscos de intoxicações, deve se situar de forma adequada na equação, evitando-se a contaminação cruzada por deficiência de *layout*.

O sistema APPCC é a metodologia correta para o controle das causas/efeitos, assegurando a sanidade e a qualidade das refeições produzidas, pois uma intoxicação alimentar dentro de uma aeronave pode causar sérios danos ao passageiro e, consequentemente, à imagem pública da empresa, conforme Souza (2002, p. 261).

Um *catering* deve ser projetado para produzir uma quantidade certa de comida no padrão correto, para um certo número de pessoas, na hora certa, usando mão de obra, equipamentos e materiais eficazes, pois a produção das refeições está separada pelo tempo e pela distância, já que só serão servidas após um bom tempo e longe do local de preparo.

Considerando-se os custos de espaço, equipamento, combustível, manutenção e mão de obra, o projeto do *catering* deve alcançar uma integração entre processos e sistemas, proporcionando um fluxo dirigido de produção, aumento de produtividade e diminuição do volume de materiais em processo.

O fluxo de trabalho deve propiciar um movimento mínimo entre as áreas, o uso máximo dos espaços, a utilização dos equipamentos em seu rendimento ótimo, com esforço e tempo reduzidos. Assim, as áreas devem ser organizadas como descrito a seguir.

Depois que as refeições são montadas nas bandejas, são armazenadas nos *trolleys* que serão colocados na câmara frigorífica a temperatura não superior a 4 °C, aguardando a saída para o avião.

As câmaras de expedição de *trolleys* estão localizadas nas docas de saída, onde ficam estacionados os caminhões para o transporte. Os caminhões, além de refrigerados a temperatura máxima de 7 °C, possuem um equipamento autoelevador de *trolleys* para colocá-los no avião. Os caminhões de *catering* posicionam-se do lado direito da aeronave, e os outros veículos de abastecimento, do lado esquerdo.

Para se evitar o cruzamento das refeições com os detritos a serem retirados, o procedimento correto é retirar o lixo pela parte traseira da aeronave e abastecê-la pela parte dianteira. Contudo, esses procedimentos dependerão da configuração da aeronave e do tempo de parada no aeroporto.

Os *trolleys* isotérmicos, ao chegarem às *galleys*, são imediatamente conectados ao sistema de refrigeração ou, no caso de aviões menores, mantidos sob refrigeração à base de gelo seco em uma gaveta interna ao *trolley*, que assegura uma temperatura inferior a 5 °C, para, no caso de alimentos quentes, poderem ser regenerados nos fornos.

LIXO

- **PROVENIENTE DA COZINHA DO *CATERING*:** o destino do lixo orgânico vai depender de sua consistência (rígida ou não) e quantidade. Geralmente, esse lixo é triturado e, seguindo-se as legislações ambientais, a massa formada é recolhida e somente a parte líquida vai para a rede de esgoto.

  O restante do lixo orgânico rígido, com a massa orgânica já triturada, é armazenado em câmaras frigoríficas para posterior encaminhamento à usina de adubo orgânico ou aos aterros sanitários. O lixo inorgânico deve ser separado para reciclagem e compactado para transporte.

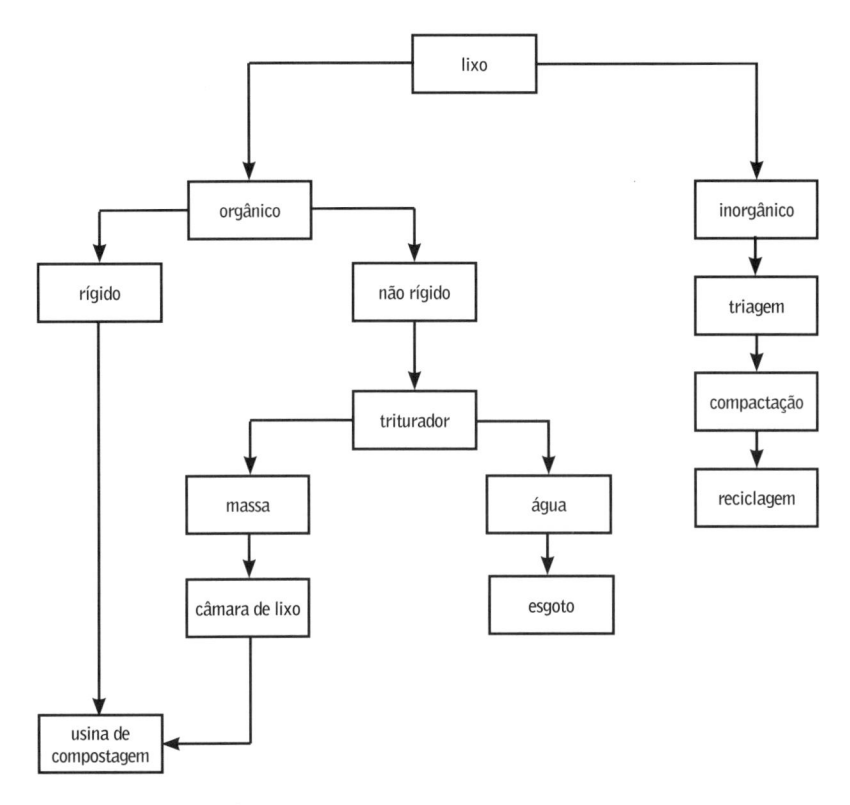

FLUXOGRAMA 3: SAÍDA DO LIXO DA COZINHA DO *CATERING*.
Fonte: Renata Z. Monteiro, 2003.

- **PROVENIENTE DAS AERONAVES:** o lixo que vem das aeronaves, resultado das sobras de bandejas dos passageiros, deve ser tratado com muita cautela. Inicialmente, esse lixo não pode cruzar com nenhum setor estéril do *catering*, já que pode vir de regiões contaminadas disseminadas pelo mundo.

  Quando os *trolleys* são desembarcados, as bandejas retiradas passam por uma triagem para separação dos utensílios não descartáveis, como louças, talheres, etc., que seguem para a copa de lavagem e, posteriormente, para o setor de montagem de bandejas, conforme destaca a revista *Nutrinews*.[6]

---

[6] "*Catering* aéreo: o prazer e a segurança das refeições nas viagens", em revista *Nutrinews*, São Paulo, nº 180, p. 13.

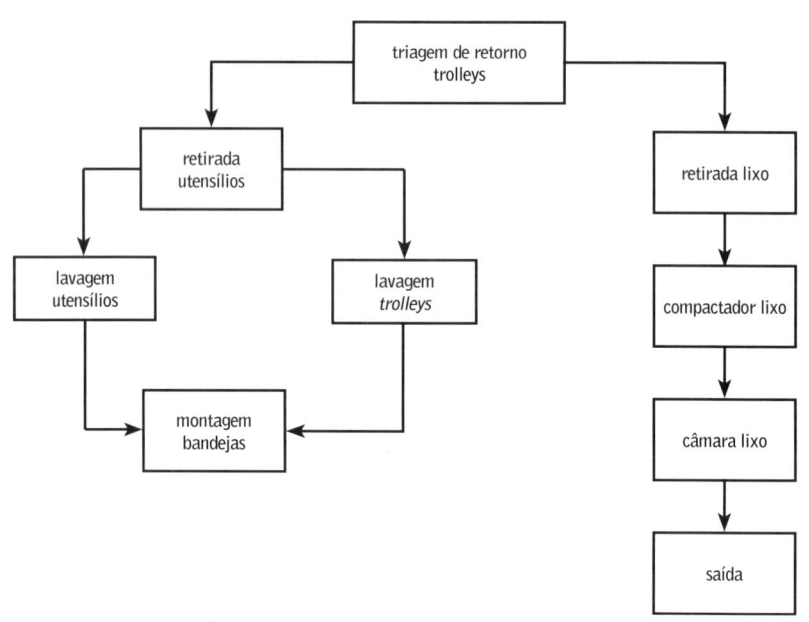

FLUXOGRAMA 4: SAÍDA DO LIXO DAS AERONAVES.
Fonte: Renata Z. Monteiro, 2003.

Os lixos orgânico e inorgânico seguem para um compactador de lixo e, a seguir, para incineração, em uma área externa do aeroporto. Os *trolleys* seguem então para o local de lavagem e desinfecção e retornam à área de montagem.

Alguns *caterings* localizados na China, no Canadá e em outros países possuem um moderno sistema de desmontagem de bandejas por meio de sucção, que permite a separação dos utensílios e resíduos.

Comerciais

Restaurante

Ao chegar à sala de jantar, observei com espanto diversas mesas dispostas lado a lado, o que me fez pensar que estivéssemos esperando por um grande grupo, ou, talvez, indo jantar *a table d'hôte*. Mas a minha surpresa foi ainda maior quando vi as pessoas entrarem sem cumprimentar umas às outras e sem

> parecer conhecer umas às outras, sentarem sem olhar uma para
> as outras e comerem separadamente sem falar umas com as
> outras ou sequer oferecerem repartir sua refeição.
>
> Rosny, 1801, *apud* Rebecca L. Spang[7]

Conforme Pitte (1998, p. 751), "uma das instituições mais difundidas no mundo é, sem qualquer dúvida, a do restaurante, isto é, um estabelecimento no qual, mediante pagamento, é possível sentar-se à mesa para comer fora de casa".

Séculos antes de o restaurante ser um lugar aonde se ia para comer, um "restaurante" era algo de comer, um caldo restaurativo. Conforme Spang (*ibid.*, p. 7), no *Furetière Dictionnaire Universel*, a palavra *restaurante* é definida em 1708 como:

> Alimento ou remédio que tem a propriedade de restaurar as forças de uma pessoa doente ou esgotada. O consomê e o extrato de perdiz são restaurantes excelentes. Vinho, conhaque e licores são todos bons restaurantes para aqueles sem energia. Alguns restaurantes são destilados a partir do suco de carnes leves e temperados combinados com vinho branco suave, águas e preparados em pó estimulantes, conservas e outros ingredientes bem adocicados. O *aspic*[8] é um tipo de restaurante, porém mais nutritivo e de consistência mais firme do que os outros, sendo líquido.

O restaurante como espaço social urbano surgiu do consomê. No princípio, em torno de 1780, entrava-se em um restaurante ou, como eram comumente chamado, na "sala do *restaurateur*",[9] para beber caldos restaurativos, assim como se ia a uma cafeteria para beber café. O perfil do restaurante atual vem da segunda metade do século XVIII.

---

[7] Rebecca L. Spang, *A invenção do restaurante: Paris e a moderna cultura gastronômica* (Rio de Janeiro: Record, 2003), p. 83.

[8] Gelatina salgada feita com caldo de carne, peixe ou legumes, normalmente clarificados para que adquiram aspecto transparente.

[9] Termo usado na época para designar pessoas habilitadas a preparar os verdadeiros consomês, chamados restaurantes ou caldos do príncipe, e que detinham o direito de comercializar todos os tipos de cremes, sopas de arroz, ovos frescos, macarrão, geleias, compotas e outros pratos delicados e salutares.

No fim do século XIX, os restaurantes permaneciam como um fenômeno quase exclusivamente parisiense. Raramente se encontrava um deles fora da capital francesa. Em Paris, turistas americanos e ingleses maravilhavam-se com os restaurantes, destacando-os entre as atrações "mais peculiares" e "mais notáveis" da cidade. Os estudiosos do assunto afirmam que o surgimento dos restaurantes aconteceu em Paris na época da Revolução Francesa (1789). Os primeiros surgiram poucas décadas antes. Mais tarde deu-se um crescimento numérico expressivo.

Mathurin Roze de Chantoiseau, segundo Spang (2003, p. 96), atribui-se o título de "autor" do restaurante com seu estabelecimento de 1766. Roze de Chantoiseau foi considerado um símbolo da nova ordem gastronômica ao ser processado pela corporação dos *traiteurs* por ter servido pés de carneiro com molho, extrapolando, assim, os limites de seus caldos medicinais, pois somente os *traiteurs* poderiam preparar e servir cozidos.

Ele ganhou a causa alegando que o molho era colocado depois, sobre os pés de carneiro; portanto, não era um cozido e, com isso, abriu caminho para que os restaurantes fossem pouco a pouco ampliando suas ofertas culinárias, ao mesmo tempo que mantinham suas vantagens de conforto e privacidade sobre a concorrência.

Partindo do ponto em que os restaurantes eram concebidos como um possível lugar para regeneração social e individual, a ida a um restaurante em Paris, do fim do século XVIII e início do século XIX, introduziu novos anseios à vida urbana, diferentemente da ida à pousada, ao café ou à taberna. Surgia assim um novo tipo de espaço semiprivado e semipúblico.

Enfim, o restaurante é produto histórico de uma época turbulenta e rica, a da Revolução Francesa, a qual, se pode ou não ter produzido diretamente sua disseminação explosiva, sem dúvida inaugurou uma nova era, em que essa instituição, hoje tão moderna quanto antiga, pôde se tornar um componente indispensável da cultura e do modo de vida da atualidade.

Conforme Maranhão (2003, p. 10), na cidade de São Paulo, a primeira "casa de comestíveis" de que se tem notícia data de 1599, quando, a convite da Câmara Municipal, Marco Lopez abriu uma "casa de pasto" próxima à igreja do Colégio, onde mascates que vinham vender tecidos e remédios e sitiantes dos arredores podiam pernoitar e se alimentar.

Até o século XIX não há mais registros de estabelecimentos do gênero. Desde a inauguração da Faculdade de Direito do Largo São Francisco, em 1827, os acadêmicos contentavam-se com, no máximo, duas pequenas tabernas, ou com o Café da Maria Punga, que moía o café no pilão e o servia com alguns quitutes.

Em 1850, surgiram os restaurantes O Popular, na rua da Imperatriz; O Balneário, na rua Municipal; o Bragança, na rua da Quitanda; o de Gandolfo Nicola, na rua da Boa Vista; e o Sereia Paulista, na rua de São Bento.

Os restaurantes mais famosos desse período estavam localizados em hotéis. Em 1857, foram inaugurados o Hotel de France et Restaurant, na rua do Comércio, e o Hotel Europa.

No fim do século XIX, o café trouxe grande impulso ao ritmo da cidade, gerando um notável crescimento urbano, uma vez que a maior parte da produção do país ocorria nas fazendas do interior de São Paulo e era transportada pela Estrada de Ferro Santos-Jundiaí para ser exportada pelo porto de Santos, fazendo passagem obrigatória pela cidade de São Paulo. A cidade, até então uma pequena vila, pobre, com ruas de terra, sem nenhum atrativo ou desenvolvimento, passou a receber investimentos urbanos e construções de luxo para servir de moradia para os chamados barões do café, agricultores enriquecidos que exigiam melhorias, atividades culturais e outras facilidades, como as encontradas no Rio de Janeiro e em Paris. Exigiam eles mais qualidade na gastronomia e uma cozinha mais sofisticada e cosmopolita.

Os progressos urbanos advindos após a Primeira Guerra Mundial (1914-1918), gerados ainda pelo café e pela incipiente industrialização, como bondes, iluminação pública, lojas, bares e restaurantes, criaram um público de industriais, banqueiros, comerciantes e profissionais liberais com uma nova demanda por alimentos e bebidas.

Os primeiros a atendê-los foram os italianos, com suas cantinas, que dominaram as décadas de 1920 e 1930. Por exemplo, a Capuano, da rua Conselheiro Carrão, inaugurada em 1907, e a Castelões, inaugurada em 1924, no Brás, funcionam até os dias atuais.

As correntes migratórias do fim do século XIX introduziram os mais diferentes sabores e costumes na culinária paulistana. Em 1896, o comendador Enrico Secchi fundou o Premiato Pastifício Italiano, que produzia dois mil quilos de massa de quarenta tipos diferentes por dia.

A partir da Segunda Guerra Mundial (1939-1945), São Paulo cresceu muito em razão da industrialização. A urbanização acelerada não parou mais de fazer surgir novos restaurantes.

A partir dos anos 1970, com a chegada das redes de *fast-food*, a sofisticação da *nouvelle cuisine* francesa, a multiplicação das churrascarias com rodízio e os bares de *sushi*, São Paulo tornou-se um grande polo gastronômico.

Projeto

O projeto para a cozinha de um restaurante comercial deve ter os mesmos cuidados que qualquer outro projeto para serviço de alimentação, apesar de, em geral, possuir dimensões mais reduzidas do que as cozinhas para *caterings*, hospitais, indústrias, etc.

Conforme Maricato (2002, pp. 73-74), a localização da cozinha deve ser estratégica, de modo que:

- a brigada[10] que vem do salão tenha um fácil acesso para comandar ou levar os produtos, sem, contudo, invadir as áreas de preparo;
- não seja muito próxima do salão, para que não cheguem até ele o barulho, os odores e o calor característicos da cozinha;
- tenha ligação com outras áreas, como a despensa, as câmaras frigoríficas, a sala de estoques, etc.

O espaço deve ser bem dimensionado para que os equipamentos, que devem ser compactos e tecnologicamente atualizados, sejam bem distribuídos. O projeto deve ser elaborado levando-se em conta o público-alvo, o cardápio, o número de refeições servidas e o

---

[10] Termo criado por Auguste Escoffier para definir a equipe responsável por um serviço de restaurante.

conhecimento de todas as áreas de apoio para que estas também sejam projetadas conforme a política de compras adotada.

Algumas áreas são exclusivas para restaurantes:

- **CAMBUZA OU GAMBUZA:** área próxima ao *hall* de garçons. Nesse local são expedidos os refrigerantes, as bebidas e os *couverts*. São também preparados os sucos e montados os sorvetes e as sobremesas. Habitualmente, possui os seguintes equipamentos:
  - » bancadas de apoio com pias de higienização;
  - » carro para detritos;
  - » congelador;
  - » extratores de suco;
  - » fabricador de gelo;
  - » filtro para água;
  - » lavadora automática de copos;
  - » liquidificadores;
  - » máquina de café;
  - » refrigerador;
  - » tábuas de polietileno para corte, etc.
- **HALL DE GARÇONS:** deve ter ligação, porém sem acesso direto, com as seguintes áreas:
  - » cozinha, por intermédio de um guichê, para o garçom retirar os pratos que irá levar para a sala de refeições. É recomendável que o guichê tenha um tipo de iluminação com raios infravermelhos, para manter o prato aquecido, enquanto o garçom não o retira;
  - » cambuza;
  - » copa de lavagem, também por meio de um guichê, onde o garçom deposita as louças vindas da sala de refeição;
  - » área do caixa, local de entrega das comandas e retirada da conta para os clientes.

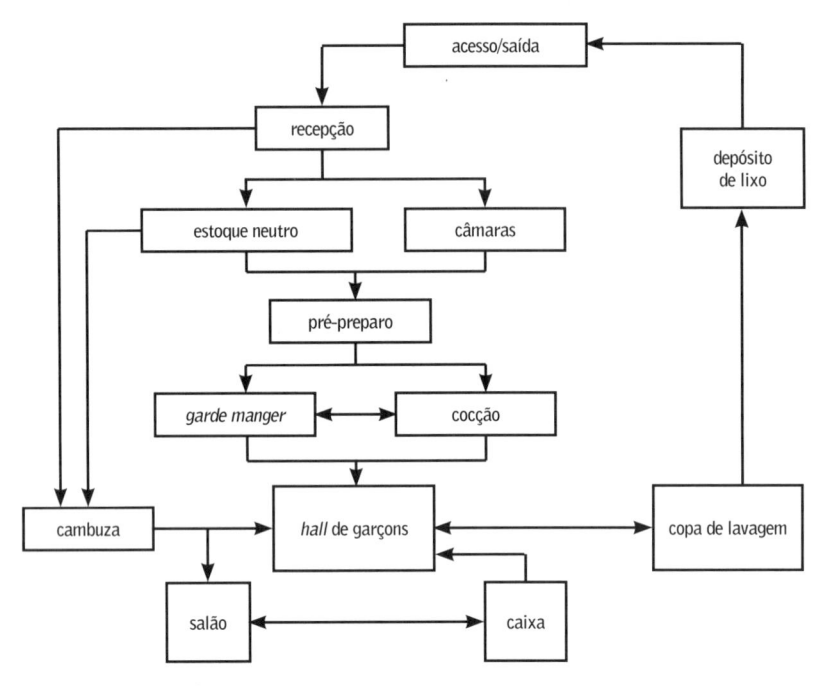

FLUXOGRAMA 5: ÁREAS PARA UM RESTAURANTE.
Fonte: Renata Z. Monteiro, 2007.

Lanchonete e *fast-food*

Segundo Ornellas (2003, p. 105), o principal produto comercializado em lanchonetes e *fast-foods*, o sanduíche, surgiu no século XVIII criado por John Montagu, o quarto conde de Sandwich, "jogador inveterado, sempre em busca de uma competição; tanto se absorvia com as cartas que substituía as refeições regulares por fatias de carne colocadas entre o pão".

Já o hambúrguer, conforme a revista *Nutrinews*,[11] surgiu com base na criação, no século XIII, do "bife tártaro" pelos cavaleiros tártaros. Esse bife consistia em moer a carne crua e transformá-la em uma pasta para que fosse mais fácil mastigá-la.

Cinco séculos mais tarde, o alimento chegou ao porto de Hamburgo, na Alemanha, e foi incorporado à alimentação local. No século XIX, os imigrantes alemães levaram o hambúrguer para os

---

[11] "Hambúrguer, o grande conquistador", em revista *Nutrinews*, nº 170, São Paulo, p. 14.

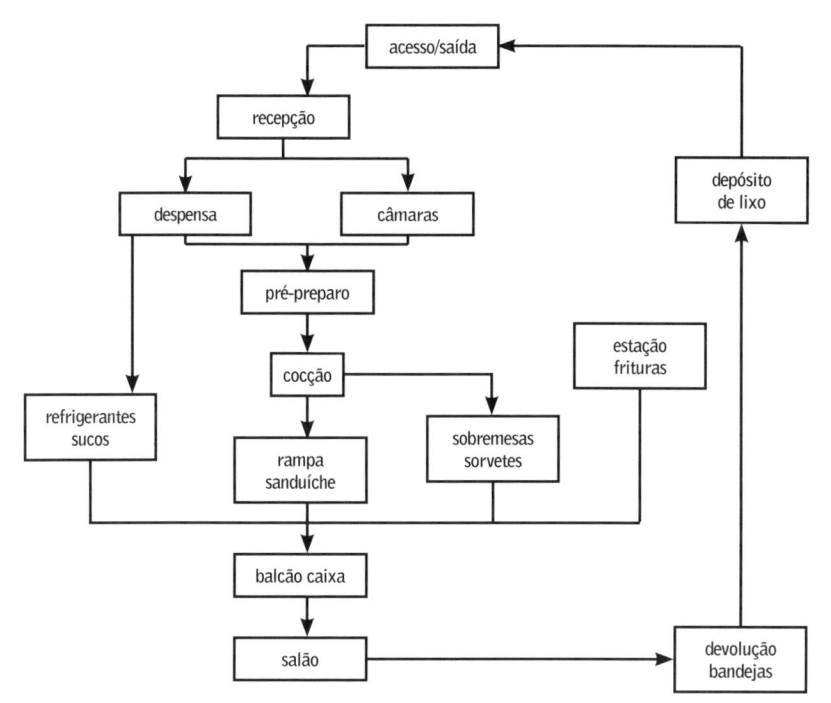

FLUXOGRAMA 6: LANCHONETE E *FAST-FOOD*.
Fonte: Renata Z. Monteiro, 2007.

Estados Unidos. No início do século XX, tiveram a ideia de colocá-lo entre duas fatias de pão e transformá-lo em sanduíche.

Segundo Walker (2002, pp. 17-18), as lanchonetes surgiram nos Estados Unidos em 1921, quando Walter Anderson e Billy Ingraham deram início à rede de hambúrgueres White Tower, cujo projeto consistia em uma pequena construção de gesso, equipada apenas com uma chapa e algumas cadeiras.

Em 1927, entram em cena as lanchonetes Marriott's Hot Shoppe e os pontos de venda de *root beer*.[12] Nessa época também surgiram os *drive-ins* de beira de estrada, que se tornaram verdadeiros pontos de encontro, e os primeiros *fast-foods*, que posteriormente evoluíram para as grandes cadeias, como a rede McDonald's.

Conforme Walker (2002, p. 215), na década de 1950, Ray Kroc, de 52 anos, vendia máquinas de *milk-shake*. Um dia, um homem chamado McDonald lhe encomendou duas dessas máquinas. Kroc então

---

[12] Tipo de bebida efervescente, feita de raízes, com baixo teor alcoólico.

ficou interessado em descobrir por que o restaurante de McDonald necessitava de duas máquinas, enquanto os outros só precisavam de uma. Foi até o local conferir e encontrou a resposta no sucesso do empreendimento: sistematização do processo de produção, qualidade, rapidez, organização, serviço e preço. Kroc convenceu a família McDonald a vender a franquia de seu estabelecimento, iniciando, assim, a maior rede de alimentação do planeta.

No Brasil, a partir dos anos 1970, quando os shopping centers iniciaram sua expansão, as lanchonetes e os *fast-foods* absorveram grandes áreas desses empreendimentos, pois observou-se que as lojas de alimentação atraíam o público para as compras.

A racionalização dos projetos para lanchonetes no Brasil chegou com a implantação, na década de 1980, da rede de *fast-food* McDonald's. Os espaços foram racionalizados, e as operações ficaram mais simplificadas com a maior utilização de alimentos pré-processados.

Atualmente, o Brasil é considerado um país muito atrativo para franquias internacionais, como é o caso da rede Burger King, que iniciou suas operações em novembro de 2004 e hoje já conta com mais de quarenta lojas distribuídas por todo o país. A Subway, que mudou seu modelo de negócios para o Brasil desde 2003, pretendia atingir, até 2010, a meta de 350 lojas.

Hotéis

Conforme Andrade, Brito e Jorge (2005), as rotas comerciais da Antiguidade geraram muitos núcleos urbanos e centros de hospedagem para o atendimento de viajantes. Na Idade Média, as abadias e os mosteiros acolhiam os hóspedes.

Com o advento das monarquias nacionais e a decorrente centralização do poder, a hospedagem passou a ser exercida pelo próprio Estado, nos palácios ou nas instalações militares e administrativas. Os viajantes menos favorecidos ficavam em albergues e nas estalagens.

Foi somente após a Revolução Industrial e a consequente expansão do capitalismo que a hospedagem passou a ser explorada como uma atividade com fins estritamente econômicos.

Passada a Segunda Guerra Mundial, com a consolidação do processo de paz na Europa e no Japão e a forte aceleração das atividades econômicas, verificou-se um intenso incremento do turismo, coincidindo com a era dos jatos. Em 1970, com a entrada em operação dos Boeing 747, de grande capacidade de passageiros, os fluxos turísticos e a hotelaria conheceram um grande desenvolvimento.

No Brasil, segundo Andrade, Brito e Jorge (*ibid.*, pp. 20-25), no período colonial os viajantes hospedavam-se nas casas-grandes dos engenhos e fazendas, nos casarões das cidades, nos conventos e nos ranchos. Geralmente dotados de redes ou de precários catres de palha, os ranchos eram alpendres construídos ao lado de estabelecimentos rústicos que forneciam alimentos e bebidas aos viajantes.

No século XVIII, surgiram no Rio de Janeiro as estalagens ou casas de pasto, que ofereciam, inicialmente, refeições a preço fixo e, posteriormente, quartos para dormir.

Em 1808, com a chegada da Corte portuguesa ao Rio de Janeiro, a demanda por alojamentos para estrangeiros e diplomatas, entre outros, transformou as antigas casas de pensão, hospedarias e tabernas, que passaram a receber a denominação de hotel[13] para elevar o conceito da casa.

Na época, o Hotel Pharoux, localizado no cais do porto, no largo do Paço, era considerado um dos estabelecimentos mais importantes do Rio de Janeiro. Sua fama era tanta, que aparece até em romances, como *Memórias póstumas de Brás Cubas*, de Machado de Assis.

Por causa da escassez de hotéis no Rio de Janeiro, o Decreto nº 1.160, de 23 de dezembro de 1907, isentou por sete anos de emolumentos e impostos municipais os cinco primeiros grandes hotéis que se instalassem na cidade. Com isso, o Hotel Avenida, então o maior do Brasil, foi inaugurado em 1908, com 220 quartos.

A partir da década de 1930, os grandes hotéis passaram a se instalar nas estâncias hidrominerais e nas grandes capitais, alavancados pelos cassinos. Em 1946, com a proibição dos jogos de azar, muitos desses estabelecimentos acabaram fechando.

---

[13] Conforme Andrade, Brito e Jorge, "a fixação do termo 'hotel' no jargão nacional se deu, definitivamente, em virtude de anunciar o serviço junto aos estrangeiros da cidade do Rio de Janeiro".

Em 1966, durante a ditadura militar, foi criada a Embratur (Instituto Brasileiro de Turismo) para promover o desenvolvimento das grandes redes hoteleiras internacionais.

Implantação, planejamento e projeto

O serviço de alimentação de um hotel necessita de cuidados especiais no que se refere à implantação do projeto global, uma vez que deve estar interligado com várias áreas, como serviço de quarto, restaurantes internos e externos, bares e setor de convenções e banquetes. Assim, alguns cuidados são necessários com:

- **BARES E RESTAURANTES:** devem estar estrategicamente integrados ao *lobby*, com fácil acesso para a rua, para que a qualquer momento do dia ou da noite as pessoas tenham livre acesso a eles.

  Cada bar e cada restaurante devem ter seu apoio de serviço ou sua cozinha em terminais adjacentes e interligados à cozinha principal (que, no caso de um único restaurante, é sua própria cozinha) e às demais áreas de suprimento (despensa, adega, central de gelo, etc.).

  Quando os bares e restaurantes não puderem estar próximos à cozinha principal, a interligação deve ser feita com um monta--cargas ou elevador dimensionado adequadamente. Portanto, conforme Andrade, Brito e Jorge (2005, p. 126), "a localização dos bares e restaurantes está, assim, duplamente comprometida com a sua acessibilidade e com as instalações de serviço".

  Para o serviço de café da manhã – em um ambiente específico, no *coffee shop*, ou no restaurante único do hotel –, o número de lugares deve ser baseado na taxa média de ocupação de um hotel, que gira em torno de 70%, prevendo-se que pelo menos um terço dos hóspedes deva ser atendido simultaneamente, considerando-se 1,5 m² por pessoa em média.

- **ÁREA DE EVENTOS:** os locais para eventos tornaram-se obrigatórios e diferenciais para os hotéis, pela importância que reuniões, festas, congressos e exposições vêm alcançando no competitivo mercado hoteleiro.

Essas áreas podem variar de algumas poucas salas de reuniões até centros completos de convenção ou congressos, que podem contar com espaços de diversos tamanhos, conforme a mobilidade das divisórias que compõem esse setor.

A cozinha de eventos constitui uma importante área de serviço de apoio e deve ter posição estratégica, interligando-se com todas as demais áreas de serviço do hotel. Sua localização deve ser oposta ao *foyer*[14] e à circulação do público.

- **REFEITÓRIO DE FUNCIONÁRIOS:** sua localização deve considerar o fácil acesso dos funcionários e também a proximidade do local onde se produz a comida.

  Área de recebimento e triagem, que compreende:
  - » área para estacionamento e manobra de veículos;
  - » plataforma para carga e descarga de gêneros;
  - » área exclusiva para triagem de gêneros alimentícios;[15]
  - » escritório para controle;
  - » área para lixo seco;
  - » câmara refrigerada para lixo úmido;
  - » depósito de vasilhames.

- **ÁREA DE ARMAZENAMENTO DE ALIMENTOS E BEBIDAS:** dimensionada conforme o porte da cozinha e em função de ser centralizada ou não. Deve ter setores separados para alimentos secos, refrigerados e congelados, assim como ocorre em outros tipos de projetos para serviços profissionais de alimentação.

- **PREPARO DE ALIMENTOS:** a produção de alimentos em hotéis segue as mesmas características do processo de uma cozinha profissional.

  A centralização da armazenagem e do preparo tem sido uma característica nos hotéis atuais, gerando a possibilidade de maiores escalas de operações, facilidade de controle, utilização eficiente dos equipamentos e da mão de obra.

  Com a produção centralizada, Andrade, Brito e Jorge (2005, p. 154) descrevem ser possível:

---

[14] É a antessala da área de eventos, onde são feitas as inscrições, a distribuição de crachás, é servido o café, etc.

[15] Conforme a Portaria nº 6 da Anvisa.

Estabelecer programas por meio dos quais o preparo de alimentos, que podem ser conservados sob condições especiais, é antecipado em dias e até semanas, liberando espaço, equipamentos e mão de obra para a produção daqueles itens que devem ser preparados imediatamente antes de serem servidos.

Os itens produzidos antecipadamente em cozinhas centralizadas podem abastecer outras cozinhas de apoio distribuídas pelo hotel. Para isso, é preciso haver facilidade de circulação horizontal e/ou vertical. Desde logo, fica evidente a conveniência de localizar restaurantes e bares no mesmo nível, com as respectivas cozinhas e áreas de apoio adjacentes à cozinha principal.

Esse sistema denomina-se *cook chill* ou *cook freeze* e será abordado com mais detalhes no capítulo "Perspectivas e inovações". As cozinhas de hotéis possuem basicamente as seguintes áreas:

»   despensa e câmaras frigoríficas;
»   área de pré-preparo de carnes, aves, peixes e frutos do mar;
»   área de pré-preparo de massas e de sobremesas;
»   *garde manger*, para o preparo de saladas, legumes, verduras e frutas;
»   cocção;
»   copa de lavagem de panelas e de utensílios;
»   *room service*, ou seja, serviço de quarto, que pode ser feito por outra cozinha de apoio;
»   cambuza para o serviço de *couvert*, sucos, bebidas, sobremesas rápidas;
»   sala de administração.

Cada restaurante ou serviço de alimentação do hotel pode ter uma cozinha terminal responsável pela finalização dos pratos, sendo abastecida pela cozinha central. A cozinha de banquetes, em geral, é dimensionada e equipada apenas para a montagem final dos pratos e para o serviço de distribuição final dos alimentos preparados na cozinha principal. Cada cozinha deve contar com seu próprio setor de higienização.

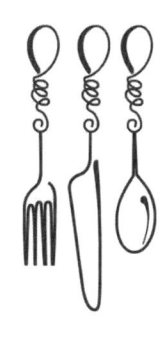

Perspectivas e inovações

Será pelos princípios básicos da alimentação racional e
equilibrada, nas famílias e na coletividade, que se realizará com
segurança uma melhora profunda no plano de saúde pública.
Só assim poderemos lutar com maior eficiência contra todos os
flagelos que atualmente assolam a vida, o desenvolvimento e a
saúde de milhões de pessoas, entre homens, mulheres e crianças
do mundo inteiro, principalmente nas áreas subdesenvolvidas.

Iracema de Barros Mezomo[1]

O mercado de alimentação fora de casa

A partir da década de 1990, o mercado das refeições fora do lar
conheceu um grande desenvolvimento no Brasil. Os motivos para
que isso ocorresse foram vários: abertura da economia, criação do
Mercosul, estabilização econômica, privatização de empresas estatais
e globalização.

Segundo Ramin Júnior (1999), o mercado da alimentação

[...] no Brasil tem cerca de 23 milhões de refeições por dia, com um
movimento de US$ 20 bilhões por ano. A taxa de penetração atual
é de 16%. O mercado europeu movimenta US$ 51 bilhões, com uma

---

[1] Iracema de Barros Mezomo, *Os serviços de alimentação: planejamento e administração*
(São Paulo: Manole, 2002).

taxa de penetração de 18% e o mercado americano, US$ 70 bilhões, com uma taxa de penetração de 46%.

Conforme Ribeiro (1999), nos Estados Unidos 50% das refeições são feitas fora do lar e, na Europa, 70%. No Brasil, esse mercado é de cerca de 25% nos grandes centros urbanos e de 20% no geral.

A qualidade de vida certamente será uma das principais condicionantes comportamentais neste milênio. O consumidor procurará uma alimentação mais equilibrada e saudável, passando a ser mais exigente, crítico, informado e consciente de seus direitos.

Em consonância com essa premissa, os projetos para serviços profissionais de alimentação, planejados por consultores profissionais, devem se preocupar em tornar os ambientes agradáveis e funcionais, utilizando acabamento, cores e mobiliários adequados, além de considerar a acústica e a iluminação, valorizando assim clientes e comensais.

A indústria de alimentos e de equipamentos, com o constante desenvolvimento de novos produtos para facilitar a vida dos consumidores doméstico e profissional, investe em novas tecnologias para gerar nos projetos para serviços profissionais de alimentação o aumento da área de distribuição e a diminuição da área de serviços, por meio da utilização de produtos prontos e semiprontos, simplificando assim os processos internos.

O conceito de área de distribuição, com a oferta de vários produtos no mesmo espaço, também se aplicará aos restaurantes institucionais, incluindo serviços diferenciados como *grill*, cozinha-show e multi-produtos, conforme destaca Franco (1999).

Segundo Kinton, Ceserani e Foskett (1999), nos vários serviços profissionais de alimentação as tendências do mercado são as seguintes:

- **HOTÉIS:** maior uso de bufês e unidades de serviços autoassistidas.
- **BANQUETES:** serviços pré-montados em pratos e finalizados nos fornos combinados.
- **HOSPITAIS:** maior uso de alimentos adquiridos congelados e resfriados; menor preparação e cozimento locais.
- **EMPRESAS:** autosserviço para todos os itens.
- **ESCOLAS:** introdução de praças de alimentação para escolha de multiprodutos.

O futuro das preparações em cozinhas profissionais está baseado na tendência mundial do uso de produtos pré-processados e pré-elaborados, que necessitem apenas de finalização para torná-los atraentes para consumo e para paladares individualizados.

O uso desses produtos proporciona os seguintes benefícios:

- racionalização dos métodos de produção dos alimentos;
- redução dos custos operacionais e de investimentos para a instalação de uma cozinha;
- melhora do controle dos alimentos produzidos;
- redução do tempo de processamento dos alimentos;
- redução das áreas de produção e consequente ampliação das áreas destinadas aos clientes.

O uso dos produtos pré-processados gera uma diminuição de aproximadamente 50% da área destinada à cozinha, 30% da mão de obra, 25% de equipamentos e 25% no consumo de energia.

No Brasil sua utilização é considerada incipiente, pois esses processos ainda atingem um alto valor final de venda, bem acima do valor pago pela mão de obra para o produto ser processado individualmente nas cozinhas industriais.

Cozinha *on-line*

Além das facilidades dos produtos pré-processados, o futuro dos serviços de alimentação é a automação total dos processos. Pesquisas da Nafem (North American Association for Food Equipment Manufacturers) destacam a cozinha *on-line* como o grande objetivo deste século. Com a finalidade de viabilizar projetos desse tipo, estudos demonstram a possibilidade de se interligarem equipamentos de diferentes fabricantes, para se comunicarem entre si de forma padronizada por meio de uma central, na qual um sistema bidirecional será encarregado de distribuir as informações necessárias para os diversos usuários.

Desde o ativo fixo até o consumo de energia, pela disponibilização de dados, um sistema implantado em um microcomputador poderá gerenciar as informações levadas entre os sensores de todos os equipamentos da cozinha. Esse sistema permite, segundo artigo da revista *Nutrinews* (2001):[2]

- controlar melhor o estoque;
- verificar a carga de cada equipamento, a cada instante, identificando o que é necessário para cada posto de trabalho, bem como a programação de limpeza e manutenção;
- verificar se o alimento foi preparado adequadamente conforme seu peso e a temperatura utilizada, dentro do processo APPCC;
- controlar os equipamentos, pois todas as informações eletrônicas dos equipamentos permitem a análise de sua *performance* e necessidade de manutenção, possibilitando a antecipação de problemas que venham a interromper o fluxo de trabalho;
- acompanhar e gerenciar a energia de cada equipamento, mapeando necessidades e promovendo as alterações necessárias para sua eficiência.

A conectividade deverá propiciar a solução para que as informações capturadas pelos controles sejam disseminadas para a cozinha, para o escritório central, para o balcão de distribuição, etc., tanto via *modem* como via rádio, para que o processamento dessas informações seja feito de forma útil.

O iCombi Pro, um forno combinado de última geração, fabricado pela Rational®, permite que o operador cheque toda a operação do equipamento, como temperaturas de cocção, aberturas de portas, etc. por meio da coleta de dados diretamente do equipamento, que possui uma porta USB para conexão de *pen drive* e uma porta *ethernet* para transmissão de dados via internet para controle total do sistema APPCC.

Por meio do ConnectedCooking® pode-se fazer um acesso remoto e operar o equipamento pelo *smartphone* ou a partir do computador. Pode-se ver o que está definido no equipamento e alterar as configurações.

---

[2] "A cozinha do futuro", em revista *Nutrinews*, nº 180, São Paulo, maio-jun. de 2001, p. 27.

Os resfriadores/congeladores rápidos fabricados pela empresa Irinox também permitem a interface com um computador, via *software* Logik Chill by Irinox, para controle de todo o processo de resfriamento e congelamento.

Segurança alimentar e sistemas *cook chill* e *cook freeze*

Segundo Madeira e Ferrão (2002, p. xi), as pesquisas científicas sobre segurança alimentar e proteção à saúde do consumidor, iniciadas por H. Bauman e J. Lee na década de 1960, evoluíram com a apresentação, por Frank L. Bryan, em 1971, à Conferência Nacional de Proteção de Alimentos, nos Estados Unidos, do sistema *Hazard Analysis and Critical Control Point* (HACCP), no Brasil conhecido como Análise de Perigos e Pontos Críticos de Controle (APPCC).[3] Em 1986, o método foi implementado pelo FDA (Food and Drug Administration) com a criação de comitês para sua divulgação.

No Brasil, a Portaria nº 1.428, de 23 de novembro de 1993, do Ministério da Saúde, reconheceu o método APPCC como essencial para garantir a inocuidade e a qualidade dos alimentos. O método aplica-se a todo o processo produtivo e não somente ao produto acabado.

Conforme Gelli (2002, p. 193), o método APPCC é um sistema preventivo de base científica, utilizado como ferramenta de gerenciamento para proteger os produtos alimentícios contra os perigos microbiológicos, químicos e físicos. O controle é aplicável em toda a cadeia alimentar, desde a produção do alimento no fornecedor até o consumo final, visando a proteção do consumidor.

Em termos gerais, o sistema APPCC trabalha com o controle de tempo e de temperatura dos alimentos, ou seja, a cadeia fria e a cadeia quente dos alimentos devem estar controladas, para que não ocorra a proliferação de bactérias e infecções alimentares. Os projetos para serviços profissionais de alimentação devem seguir as regras de segurança alimentar, pois são adotadas internacionalmente.

---

[3] Sigla aprovada pelos Ministérios da Saúde e da Agricultura, conforme Silva Júnior (2002, p. 193).

COOK CHILL

Esse sistema consiste na cocção e resfriamento dos alimentos com o objetivo de prolongar o seu armazenamento e garantir a distribuição segura.

Os alimentos armazenados à temperatura ambiente deterioram-se rapidamente pela ação dos micro-organismos, das enzimas e das reações químicas. O frio inibe a multiplicação das bactérias e de outros micro-organismos. A temperatura normal de refrigeração (0 ºC a + 3 ºC), tais reações continuam a ocorrer, mas de forma muito mais lenta. Está provado também que nos alimentos congelados e conservados à temperatura de -18 °C, as bactérias param de se multiplicar.

O processo *cook chill* é apropriado e bastante rentável para a distribuição de refeições. Esse sistema é empregado da seguinte maneira: após a cocção deve ser feito o resfriamento rápido do alimento até que ele todo fique à temperatura de 3 °C. O parâmetro de medição é o centro do alimento. O processo deve ter início, no máximo, em até 30 minutos contados do fim da cocção e atingir a temperatura de 3 °C em um tempo máximo de uma hora e meia. O alimento poderá ficar armazenado a essa temperatura por cinco dias em refrigeradores. O reaquecimento deve atingir no mínimo 75 °C para o alimento ser ingerido com segurança.

As cozinhas de acabamento devem ser projetadas com equipamentos de finalização, como fornos combinados e equipamentos para estocagem refrigerada. Para dar maior flexibilidade às preparações, podem ser acrescentados equipamentos complementares; por exemplo: fritadeira, chapa quente e *charbroiler*.

Em cozinhas já instaladas, além dos equipamentos que estão em uso, devem ser acrescentados aqueles para resfriamento, embalagem e estocagem adicional pós-resfriamento de alimentos cozidos resfriados.

As principais vantagens do sistema *cook chill* são:
- menor risco de contaminação cruzada entre os alimentos crus e os cozidos;
- controle de produção com redução de desperdícios;
- utilização racional dos equipamentos;
- redução de mão de obra;
- racionalização de espaço, de equipamentos e de energia.

Quando são necessários tempos de conservação mais prolongados do que os proporcionados pela técnica *cook chill*, recorre-se a uma técnica similar chamada *cook freeze*, que tem as mesmas características de produção, armazenagem e finalização dos alimentos elaborados pelo sistema *cook chill*, diferindo apenas na temperatura de armazenamento e no tempo de conservação. A principal diferença ocorre no resfriamento e na conservação, pois as temperaturas e os tempos são diferentes.

Para o congelamento rápido, a temperatura dos alimentos deverá atingir -18 °C em 4:30 horas (tempo máximo). Depois, os recipientes com os alimentos congelados são transportados e armazenados em câmaras frigoríficas de congelados que os mantêm por um período de 60 dias a temperaturas que variam entre -18 °C e -20 °C, devendo ser reaquecidos imediatamente antes do consumo.

No sistema *cook chill* e *cook freeze*, o forno combinado é imprescindível, pois o método, como já descrito, além de uma redução rápida da temperatura em resfriadores/congeladores, necessita de finalização também rápida, que só esse equipamento pode proporcionar, pois é o único capaz de desempenhar a função dentro do período e dos padrões de temperatura exigidos pelo método. Os dois processos podem ser aplicados indiferentemente, sendo o período de conservação mais longo a principal vantagem do *cook freeze*.

Outros sistemas, outras soluções

Capkold

Alimento preparado em grandes porções, em equipamentos especiais, sem manipulação, embalados em sacos plásticos e fechados a vácuo. Logo após a cocção, o alimento é resfriado rapidamente em aparelhos especiais, sob corrente de resfriamento. O armazenamento deve ser feito a 3 °C por até 21 dias. O alimento deve ser reaquecido imediatamente antes do consumo. Utilizado em cozinhas industriais e locais para alimentação coletiva.

Sous vide (sob vácuo)

Alimento cru ou parcialmente cozido, embalado em plástico especial e fechado a vácuo. O cozimento é feito com o alimento embalado em calor úmido (pasteurizado). Em seguida, é rapidamente resfriado em corrente de resfriamento. Deve ser armazenado a 3 °C por até 21 dias e reaquecido imediatamente antes do consumo.

Cuisine solution

O alimento é congelado na própria embalagem, dentro de um ambiente completamente frio, pois a unidade funciona como uma grande geladeira. "A empresa por si só é toda resfriada. Os caminhões que encostam para abastecer ou descarregar mercadorias têm contato com um ambiente modificado, por sinal, extremamente frio", conforme explica Valentim (2003, p. 22).

A revolução dos fornos combinados – iCombi Pro

O iCombi Pro simplificou a operação do forno combinado, possibilitando: padronização na cocção dos pratos, garantia de segurança alimentar, menor índice de erros e desperdícios, controle e saída de relatórios de APPCC, processos de cocção automáticos sem acompanhamento, diversificação na produção, além de maior qualidade e rapidez nos preparos.

Com esse sistema, é possível reduzir em até 50% o número de equipamentos da cozinha, em 22% as perdas para assados, 95% das gorduras e 60% de energia, se comparado ao modo de cocção tradicional. Em relação aos fornos combinados tradicionais, é 15% mais rápido, além de dispor de sistema exclusivo de limpeza automática com processo de descalcificação. Em relação à ergonomia, possui a altura máxima de inserção de *gastronorms* a 1,60 m, possibilitando uma sensível melhoria nas condições de operação e segurança.

Forro de exaustão e ventilação por teto ventilado

O sistema de teto ventilado é utilizado há muito tempo na Europa e nos Estados Unidos, mas no Brasil ainda é considerado uma inovação, sendo aplicado em poucos serviços de alimentação.

O sistema consiste em criar uma zona de pressão entre a laje e o forro para a exaustão dos vapores da cozinha. Simultaneamente, é insuflado nas grelhas laterais o ar exterior, mantendo balanceada a exaustão e o insuflamento do ar ambiente.

As vantagens desse sistema:

- permite uma livre configuração de *layout* e a mudança ou acréscimo de equipamentos, sem comprometimento da qualidade do ar dentro da cozinha;
- possibilita a instalação de luminárias integradas, protegidas contra sujeiras, por injeção de ar externo;
- pode ser instalado em qualquer teto, pois seu peso com as luminárias é inferior a 30 kg/m²;
- impede que o fogo penetre no sistema de exaustão no momento da cocção;
- propicia a instalação sem necessidade de modificações estruturais na edificação;
- apresenta baixo nível de ruído;
- possibilita a execução da limpeza sem a desmontagem dos elementos do teto;
- não é suscetível às correntes de ar;
- proporciona rápida eliminação de odores, sem gotejamentos de óleo ou de água.

As desvantagens:

- apresenta alto custo de instalação;
- é adequado somente para grandes áreas.

Aço inoxidável colorido

Fruto de recentes pesquisas desenvolvidas na Fundação Centro Tecnológico de Minas Gerais (Cetec), o inox colorido inaugura possibilidades inéditas para o aço inoxidável, introduzindo novos padrões estéticos, proporcionando ambientes menos frios e mais agradáveis para os serviços de alimentação.

A possibilidade da introdução de inovações nas cores de acabamento, como verde, púrpura, azul, preto, marrom, bronze e dourado, respeitando, obviamente, as áreas nas quais serão instalados os equipamentos, oferece novas chances de criatividade para os arquitetos, que não necessitam mais se limitar à cor cinza do aço inoxidável.

A vantagem desse material em relação ao alumínio anodizado colorido é que, após a pintura, o aço inoxidável colorido, além de manter as propriedades do material em sua cor natural, as potencializa em razão da proteção adicional oferecida pela camada de óxidos de maior espessura.

Ergonomia

A importância de adquirir equipamentos ergonômicos se traduz em redução de absenteísmo e de licenças por motivo de saúde, uma vez que as pessoas passam a apresentar menos problemas por LER (lesão por esforço repetitivo) e Dort (distúrbios osteomusculares relacionados ao trabalho).

Segundo Queiróz e Siqueira (1999):

> A preparação dos alimentos em um restaurante com características de cozinha industrial é um dos serviços que também sofre mudanças devido à introdução de tecnologias que visam maximizar a produção. Por outro lado, atividades manuais no preparo dos alimentos se mantêm presentes e também intensificadas, para acompanhar a modernidade social onde um grande número de indivíduos se alimentam fora do lar.

A intensidade e a complexidade dos trabalhos realizados em uma cozinha profissional justificam a grande preocupação com a ergonomia, requerendo estudos detalhados quanto aos aspectos funcionais e ambientais, como ventilação, acústica, segurança, altura de equipamentos, mobiliários e utensílios.

Romero (2003, p. 20) define ergonomia como sendo

> basicamente a adequação do trabalho às características humanas e não as habilidades do ser humano sendo moldadas para a execução das tarefas. Ou seja, a ergonomia propõe a adaptação das máquinas ao trabalhador, criando condições de organização e produção.

O ritmo de trabalho dentro de um serviço profissional de alimentação é intenso, por isso a necessidade da criação de ambientes adequados que visem o conforto operacional, aliados a mecanismos que possibilitem o crescimento da produtividade e da qualidade das refeições servidas.

Equipamentos manuais confortáveis e eficientes, fornos práticos a temperaturas adequadas, bancadas ajustáveis à altura do trabalhador e meios de transporte ágeis contribuem para a saúde do trabalhador e, por consequência, melhoram a relação custo-benefício dos restaurantes.

Processadores de alimentos que descascam, fatiam e picam alimentos concorrem para diminuir a incidência de lesões muito comuns em funcionários de serviços profissionais de alimentação.

O uso de rodas em alguns equipamentos de cozinha também auxilia os funcionários a minimizar seus esforços para movê-los nos processos de limpeza ou mudança de *layout*.

Maria de Fátima Ferreira Queiróz destaca para Romero (*ibid.*, p. 22) que

> é sempre bom pensar na medida dos equipamentos. Um fogão alto, com uma grande panela industrial em cima, por exemplo, pode causar sérios problemas de queimadura, assim como pias para lavar louças e verduras deveriam ter o tamanho acessível às condições do trabalhador, para se evitarem problemas de coluna.

Conforme Silva (1998, p. 78), "o dimensionamento de qualquer equipamento torna-se difícil devido à variação de tamanho dos homens".

Segundo Birchfield e Sparrowe (2003, p. 126), a altura da superfície de trabalho deve permitir ao trabalhador lidar com a comida ou fazer outro trabalho manual sem precisar movimentar os pés. A altura-padrão usada na maioria dos projetos é de 850 mm a 900 mm.

O uso de equipamentos ajustáveis por acionamentos mecânicos, elétricos e pneumáticos poderia ser uma solução ideal, mas, na prática, eles são difíceis de operar, desencorajando os operadores. Além disso, quando não são feitos os ajustes necessários, o funcionário opta por desenvolver o trabalho em posturas incorretas.

Espaços confortáveis para funcionários e comensais e a adoção de políticas voltadas para a saúde e a segurança do trabalho constituem elementos importantes a serem considerados nos projetos para sistemas de alimentação.

A seleção de materiais de acabamento adequados empregados em cozinhas industriais contribui para o conforto e a segurança de todos. Assim, obtêm-se a funcionalidade e a adequação já na escolha de pisos cerâmicos de alta resistência e antiderrapantes, que minimizam o risco de quedas acidentais.

A preocupação com a redução dos níveis de ruído nas áreas destinadas aos serviços de alimentação deve prever a localização dos motores dos sistemas de exaustão, compressores de câmaras frigoríficas e refrigeradores em recintos isolados.

Para dirimir eventuais dúvidas, devem ser consultadas as Normas Regulamentadoras do Ministério do Trabalho para atender as questões ergonômicas (NR 17) e de conforto nos locais de trabalho (NR 24).

Meio ambiente e sustentabilidade

A responsabilidade com as questões ambientais na área de serviços de alimentação tem crescido consideravelmente nos últimos anos, fazendo com que empresas racionalizem a utilização de recursos naturais e energéticos, procurando novas tecnologias para a preservação do meio ambiente.

A gestão de uma cozinha industrial envolve serviços, produção de alimentos, comensais e fornecedores. Por ser uma atividade que pode gerar grande desperdício de energia elétrica, de gás e, principalmente, de água, surge a necessidade de ações que incentivem o respeito e a preservação dos recursos naturais, representando, nos dias de hoje, uma obrigação mundial.

A ISO 14001, que regulamenta as questões ambientais, fundamenta sistemas e processos, certificando a "cozinha verde". Experiências aplicadas demonstram a redução significativa dos custos fixos quando são desenvolvidos trabalhos para incentivar a coleta seletiva e diminuir o consumo de água, de energia elétrica e a geração de lixo. A busca de um serviço de alimentação autossustentável será o grande desafio das próximas gerações em prol da preservação da natureza.

Medir os efeitos da gestão verde nos sistemas de alimentação e controlar as questões que envolvem a sustentabilidade são passos fundamentais para a solidificação das cozinhas ecologicamente corretas. O programa a seguir constitui um parâmetro para a implantação dessas ações.

1. Declaração formal da cozinha de respeito às questões ambientais dispostas em área pública para visualização dos usuários.

2. Determinação de um profissional responsável pelas questões ambientais.

3. Inclusão de cursos e lições sobre temáticas ambientais no treinamento dos funcionários.

4. Objetivos e programas definidos anualmente pelo gestor do sistema de alimentação, com monitoramento e registro de datas. Esse item deve incluir: o controle de consumo energético (kw/h) por metro quadrado; volume de lixo (peso/volume/refeição); consumo hídrico (volume/refeição); eliminação e reciclagem de água de refugo; percentual de água de refugo eliminada em implantação de tratamento público ou privado, calculado sobre uma escala apropriada; aquisição de produtos químicos de baixo impacto ambiental, com quantidade mínima de cloro e soda cáustica e de preferência biodegradáveis; percentual dos empregados, a tempo determinado ou indeterminado, proveniente da comunidade local.

5. Uso regular de questionários relativos à satisfação dos clientes com relação aos aspectos ambientais.

6. Possuir certificação de qualidade de serviços oferecidos (ISO 9001) e de qualidade ambiental (ISO 14001).

ÁGUA

A utilização racional e equilibrada da água vem se tornando mais importante a cada dia e se transformou em uma preocupação mundial para todos os setores, pois hoje as pessoas adquiriram a consciência de que a água é um bem limitado, que se tornará cada vez mais rara, com tendência de custo ascendente, devendo por isso ser preservada.

A preocupação com a qualidade da água e a redução de sua demanda, associadas ao melhor entendimento dos usos finais e ao desenvolvimento de tecnologias que promovam economias por meio do emprego de produtos mais eficientes, têm motivado a implantação de programas de uso racional da água em diversos países. A diminuição do consumo em serviços profissionais de alimentação deve ser feita por campanhas de conscientização das equipes de funcionários e também por projetos de reutilização.

A Companhia de Saneamento Básico do Estado de São Paulo (Sabesp) criou vários programas voltados à utilização racional e ao reaproveitamento da água em cozinhas industriais, conseguindo resultados que variam entre 20% e 60% de economia.

Entre os equipamentos que reduzem o consumo de água, podemos destacar as torneiras de acionamento mecânico por pedais, cujo fluxo é controlado pelo pé, e as torneiras de acionamento por raios infravermelhos,[4] que permitem o trabalho livre de ambas as mãos, evitando assim o desperdício e o constante acionamento manual, sendo mais higiênicas.

As torneiras com bocais dotados de chuveiros dispersantes arejadores e que chegam até a metade da cuba, além de serem mais ergonômicas, contribuem para aumentar a área de contato com os produtos

---

[4] Ver detalhes no capítulo "Cozinhas profissionais: conceitos teóricos e condicionantes".

que necessitam ser lavados, reduzindo em até 50% o consumo de água em relação às torneiras tradicionais.

Lavadoras automáticas de louças que utilizam sistema de tanque de acumulação chegam a uma redução de 50% a 90% no consumo de água em relação à lavagem manual, pois gastam em média 228 litros para lavar 900 pratos, enquanto a lavagem manual gasta 1,2 mil litros de água para lavar a mesma quantidade de utensílios, conforme afirma Renato Patrício (2003, p. 19), da empresa Hobart.

FONTES DE ENERGIA

No Brasil, a necessidade de racionamento de energia verificada nas últimas décadas fez os equipamentos a gás começarem a ganhar espaço nas cozinhas profissionais. Antes considerados de menor eficiência em comparação aos elétricos, esses equipamentos incorporaram novas tecnologias e muitos deles passaram a ter dupla opção de combustível. Assim, fornos e chapas quentes a gás têm hoje a mesma eficiência que os similares elétricos. De maneira semelhante, as máquinas de lavar louças com aquecimento a gás também ocasionaram uma redução significativa no consumo final de energia elétrica.

Os serviços profissionais de alimentação que tenham comprometimento com a sustentabilidade do planeta devem utilizar, de preferência, o gás natural, composto majoritariamente por metano, um hidrocarboneto extraído do solo, cuja maior vantagem é a redução significativa da emissão de poluentes, pois os produtos de sua combustão são inodoros, isentos de óxido de enxofre e fuligem, evitando gastos com sistemas antipoluentes.

Equipamentos que aproveitam a energia solar também estão sendo pesquisados e desenvolvidos com sucesso, porém ainda sem utilização comercial. Em algumas cidades das regiões Norte e Nordeste do país, a energia solar já começa a ser usada como fonte de aquecimento para a água de torneiras da cozinha e dos balcões térmicos de distribuição.

LIXO

O lixo gerado por serviços profissionais de alimentação, se reciclado adequadamente nas usinas de compostagem, transforma-se em gás natural ou em adubo para plantações de vegetais orgânicos.

Os serviços de alimentação devem procurar produzir quantidades mínimas de lixo, empregando produtos de fornecedores comprometidos com as questões ambientais, que adotem embalagens recicláveis ou recarregáveis. Além disso, devem divulgar aos comensais políticas de redução do desperdício dos alimentos nas bandejas.

O projeto deve prever áreas destinadas ao depósito seletivo do lixo, com adoção em todos os setores de recipientes adequados para a seleção. O lixo orgânico proveniente dos restos de alimentos utilizados no preparo das refeições e os não consumidos nas bandejas, com exceção dos *caterings* aéreos que não reutilizam o resto das bandejas de passageiros, devem receber tratamento especial para se evitar a infestação de insetos nas áreas.

Apesar de ainda não existir uma legislação que determine a obrigatoriedade da instalação de câmaras refrigeradas para lixo, esse equipamento é essencial para que o processo de reciclagem orgânica possa ter uma continuidade eficiente.

O compactador de lixo é um equipamento eletro-hidráulico destinado a reduzir volumes e capaz de processar 350 quilos por hora de materiais sólidos descartados pelos comensais e restos do processo de preparo dos alimentos, como cascas, caixas de papelão, latas, garrafas plásticas, sacos, etc. O lixo deve ser separado por tipos de reciclagem e só então compactado, variando a redução volumétrica de 6:1 a 70:1, que reduz o custo de armazenamento e de transporte.

O extrator de sólidos é outro equipamento inovador que traz grandes benefícios para o tratamento do lixo. Os resíduos são triturados em um triturador e enviados para o extrator de sólidos, que separa a parte líquida da parte sólida. A água utilizada para o processo é tratada e reaproveitada, e as partes sólidas, totalmente inodoras, adquirem aspecto de papel moído, sendo transportadas mais facilmente para os locais apropriados.

O esquema de funcionamento de um compactador consiste nas seguintes fases:

- o lixo das bandejas é depositado em uma esteira com água para facilitar sua entrada no sistema;
- os resíduos são triturados com água por meio de um sistema de turbulência;

- pela pressão da água, resíduos entram em um sistema helicoidal, onde são espremidos, enquanto a água sai pelas aberturas laterais, deixando-os como uma pasta semisseca;
- em torno de 95% da água retorna para o sistema e executa novo turbilhonamento;
- o resíduo, transformado em pasta, é despejado por uma calha em um coletor, sendo reduzido em aproximadamente 85% de seu volume inicial.

FOTO 19: PROCESSADORA DE RESÍDUOS ORGÂNICOS. FABRICADA POR TOPEMA COZINHAS PROFISSIONAIS.
Cortesia: Topema.

Pessoas com deficiência

A NBR 9.050/2020, norma para pessoas com deficiência, incluiu as áreas de restaurantes, bares e similares entre os espaços que devem passar por adaptações para receber cadeirantes, deficientes visuais e outros. As especificações são as seguintes:

8.2.3 Restaurantes, refeitórios, bares e similares

Os restaurantes, refeitórios e bares devem possuir pelo menos 5% do total de mesas, com no mínimo uma, acessíveis a PCR (pessoas em cadeira de rodas), conforme 9.3.

8.2.3.1 As mesas devem ser distribuídas de forma a estar integradas às demais e em locais onde sejam oferecidas todas as comodidades e serviços disponíveis no estabelecimento.

8.2.3.2 Nos locais em que as refeições sejam feitas em balcões, estes devem atender a 9.5.

8.2.3.3 Nos locais em que são previstos balcões de autosserviço, deve-se atender a 9.5.3.

8.2.3.4 Quando o local possuir cardápio, recomenda-se que pelo menos um exemplar esteja em Braille.

[...]

9.3 Mesas ou superfícies para refeições ou trabalho

9.3.1 Condições gerais

Quando mesas ou superfícies para refeições ou trabalho são previstas em espaços acessíveis, pelo menos 5% delas, com no mínimo uma do total, devem ser acessíveis para PCR. Recomenda-se, além disso, que pelo menos outros 10% sejam adaptáveis para acessibilidade.

9.3.2 Distribuição

As mesas ou superfícies devem estar localizadas junto às rotas acessíveis e, preferencialmente, distribuídas por todo o espaço.

9.3.3 Área de aproximação

9.3.3.1 As mesas ou superfícies devem possuir altura livre inferior de no mínimo 0,73 m do piso.

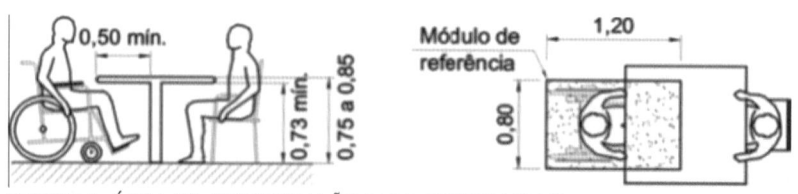

FIGURA 1: ÁREA DE APROXIMAÇÃO PARA CADEIRANTES.

9.3.3.2 Deve ser garantido um MR (Módulo de Referência) posicionado para a aproximação frontal, possibilitando avançar sob as mesas ou superfícies até no máximo 0,50 m.

9.3.3.3 Deve ser garantida uma faixa livre de circulação de 0,90 m e área de manobra para o acesso às mesmas, conforme 4.3.

9.3.4 Altura

Deve estar entre 0,75 m e 0,85 m do piso.

[...]

9.5 Balcões

9.5.1 Condições gerais

Os balcões de vendas ou serviços devem ser acessíveis a PCR, devendo estar localizados em rotas acessíveis.

9.5.2 Área de aproximação

9.5.2.1 Uma parte da superfície do balcão, com extensão de no mínimo 0,90 m, deve ter altura de no máximo 0,90 m do piso. Deve ser garantido um MR posicionado para a aproximação frontal ao balcão.

9.5.2.2 Quando for prevista a aproximação frontal, o balcão deve possuir altura livre inferior de no mínimo 0,73 m do piso e profundidade livre inferior de no mínimo 0,30 m. Deve ser garantido um MR, posicionado para a aproximação frontal ao balcão, podendo avançar sob o balcão até no máximo 0,30 m.

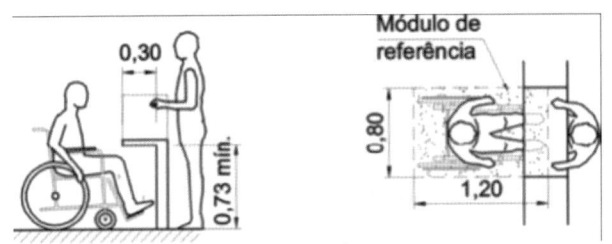

FIGURA 2: ÁREA DE APROXIMAÇÃO FRONTAL DE UM BALCÃO POR CADEIRANTE.

9.5.3 Balcões de autosserviço

9.5.3.1 Quando balcões de autosserviço são previstos em restaurantes ou similares, pelo menos 50% do total, com no mínimo um para cada tipo de serviço, devem ser acessíveis para PCR, conforme 8.2.3.

9.5.3.2 As bandejas, talheres, pratos, copos, temperos, alimentos e bebidas devem estar dispostos dentro da faixa de alcance manual, conforme 4.6.

9.5.3.3 Os alimentos e bebidas devem estar dispostos de forma a permitir seu alcance visual.

9.5.3.4 Deve-se prever passa-pratos, com altura entre 0,75 m e 0,85 m do piso.

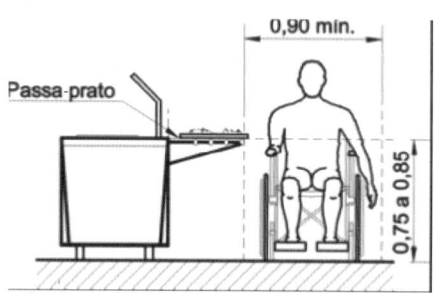

FIGURA 3: ÁREA DE APROXIMAÇÃO DE UM BALCÃO DE AUTOSSERVIÇO POR CADEIRANTE.

A Portaria nº 1.210 do município de São Paulo promoveu a inclusão das pessoas com deficiência:

> 20.3 – Toda construção nova ou modificada deve garantir a acessibilidade à pessoa portadora de deficiência, conforme legislação vigente. [...]
> 20.14.3 – Nos locais de consumação de alimentos é obrigatória a existência de cardápio impresso em Braille, disponível e acessível para o deficiente visual.

Atualização dos conceitos de projeto

Hospital cinco estrelas

Em relação aos hospitais, o conceito tem sofrido uma mudança radical nos últimos anos. Aliado às tendências vindas do exterior, o conceito de hotelaria vem sendo incorporado à área hospitalar, fazendo com que a ideia de ambiente com cheiro de remédio e comida sem gosto seja transformada em coisa do passado, tratando o usuário cada vez mais como cliente e menos como paciente.

Em alguns hospitais, o paciente pode optar por um serviço *à la carte*, que seguramente proporciona mais satisfação, menor desperdício e diminuição do lixo armazenado. Em outras palavras, o trabalho desenvolvido pelas redes hospitalares vem possibilitando que o paciente sinta o mesmo conforto que teria se estivesse hospedado em um hotel cinco estrelas, diminuindo assim o estresse de uma internação.

Em Houston, nos Estados Unidos, o Hospital Texas Medical Center iniciou um trabalho pioneiro, tornando-se referência mundial na área de atendimento. Nesse hospital, o alimento é recebido pré-processado e as dietas são montadas conforme as necessidades de cada paciente.

Conforme Marchiori (2002, p. 185), em artigo para a revista *Nutrinews*, "os hospitais brasileiros começam a se assemelhar a hotéis e investem em atendimento individualizado e em terapia nutricional para melhorar a qualidade de vida de seus pacientes durante o período de internação".

As tradicionais copas existentes nos andares dos hospitais começam a ser substituídas pela distribuição de refeições centralizadas, diminuindo o risco de contaminação dos alimentos, entre outras vantagens.

Os projetos e os equipamentos, por sua vez, acompanharam essa evolução. Foram criadas áreas de montagem específicas para determinadas preparações, e esses hospitais passaram a utilizar equipamentos que proporcionam melhor cocção e acabamento dos pratos, a fim de suprirem essa nova necessidade de mercado.

Cozinhas-vitrine

Conforme Bastos (2003), a tendência de abrir a cozinha vem crescendo nos últimos anos na área de restaurantes comerciais. Além de o estabelecimento ter a oportunidade de mostrar a sua forma correta de trabalho e a tecnologia de que dispõe para o preparo dos pratos, os clientes podem ver como se faz determinado prato, influenciados pelas proposições de gastronomia da atualidade.

As cozinhas aparentes, uma tendência que vem ganhando espaço em restaurantes comerciais, apresentam maior organização e limpeza com o uso, por exemplo, de legumes e verduras pré-processados, pois elimina-se a parte considerada suja do processo de higienização.

Os projetos de serviços profissionais de alimentação têm se tornado arrojados, consistindo em verdadeiros palcos para chefes renomados. Outro exemplo é apresentar parte da cozinha nas chamadas "ilhas" de cocção. Empregando um sistema de exaustão bem dimensionado, os pratos são finalizados na frente do cliente, e a atração principal é a interatividade total com o comensal. Esse tipo de projeto pode ser utilizado em restaurantes institucionais, mas a fórmula de cozinha aberta fez mais sucesso nas décadas de 1970 e 1980, período em que os comensais necessitavam ver os serviços da cozinha para ter certeza de que os alimentos estavam sendo manipulados corretamente.

Hoje, institucionalmente, deve-se partir do pressuposto de que o horário da refeição para o funcionário está agregado ao seu momento de lazer, e a forma atribulada como desenvolvem os serviços internos de uma cozinha industrial em nada contribuem para esse descanso. Em vista disso, o principal atributo de uma cozinha industrial deve ser a confiabilidade conseguida por meio de um trabalho comprometido com a higiene e a qualidade, pois é nesse recinto que os funcionários fazem suas refeições diariamente.

Cozinha móvel

O conceito de cozinha móvel consiste na adaptação de uma cozinha industrial em um contêiner de alumínio ou painéis com as dimensões de 2,50 m × 6,10 m. Sua utilização tem o objetivo de levar alimentação a canteiros de obra, *shows*, espetáculos, festas, eventos, etc., ou seja, a cozinha móvel desloca-se até o local que tenha necessidade de uma estrutura para servir refeições em grande quantidade.

Além do forno combinado para cocção e finalização dos alimentos, a cozinha deve dispor de resfriador rápido, *charbroiler* para grelhados, fritadeira, café e refrigeradores, a fim de garantir a qualidade e a segurança do alimento servido.

O Comando da Aeronáutica do Ministério da Defesa desenvolveu o Módulo de Abastecimento de Pontos Remotos (Mapre), que consiste em módulos com largura de 2,12 m, comprimento de 2,32 m e altura de 2,40 m, construído com aço de alta resistência.

A estrutura de implantação é composta por módulos independentes de geração de energia e captação e tratamento de água, módulo de almoxarifado de secos, módulo de almoxarifado de perecíveis (câmara frigorífica), módulo de cocção básica com fornos combinados, frigideiras elétricas, refrigeradores e coifas, módulo de finalização e distribuição e módulo de higienização com máquina de lavar louças.

Todos esses módulos foram construídos para atender as refeições de desjejum, almoço, jantar e lanche para 250 pessoas por um período de 30 dias, em pontos isolados e distantes, como foi o caso das operações realizadas para o resgate de vítimas de um acidente com uma aeronave comercial no ano de 2006 na serra do Cachimbo, no meio da mata fechada da floresta amazônica. Os módulos podem ser embarcados em aeronaves tipo Hércules C-130.

Restaurante com serviço automatizado

A novidade surgiu em 2007, conforme a revista *Der Spiegel*, na cidade de Nuremberg, na Alemanha. Trata-se do bistrô Baggers.

É o primeiro restaurante que substituiu o garçom pela gravidade. O pedido é feito na tela de um computador pelo sistema *touch screen*, conectado diretamente com a cozinha. O pagamento é feito no momento da solicitação, por meio de cartão.

A cozinha, localizada no pavimento superior da edificação, monta a refeição em pequenas panelas de aço inoxidável que descem por força da gravidade, deslizando em um trilho de aço. O cliente também pode acompanhar pela tela do computador o tempo em que receberá sua refeição, pois o sistema calcula antecipadamente o tempo de entrega.

Alimentação na academia

Segundo Showalter (2002), a evolução da comida para o mundo acadêmico foi semiótica, além de nutritiva. Antigamente, interessar-se por comida era grosseiro e anti-intelectual.

Conforme Bianco (1999, pp. 21-29), no Brasil, em 1969, o Senac criou o primeiro curso técnico de formação de cozinheiros do país, em Águas de São Pedro, São Paulo. Na época, a profissão era exercida por migrantes nordestinos e pessoas sem qualificação.

A partir dos anos 1990, esse perfil mudou, e as universidades privadas instalaram vários cursos de formação superior em gastronomia, sendo a maioria dos frequentadores jovens da classe média.

Atualmente, o Centro Universitário Senac mantém cursos de graduação para formação de tecnólogos em gastronomia nos *campi* de São Paulo, em Águas de São Pedro e em Campos do Jordão, além de cursos de extensão universitária, como o de Cozinheiro Chefe Internacional. Também oferece pós-graduação em Gestão de Negócios em Serviços de Alimentação, em Cozinha Avançada: Tecnologias e Ciências Aplicadas à Gastronomia e em Planejamento e Projeto para Cozinhas Profissionais.

Verifica-se, assim, a organização de um novo tipo de projeto para os serviços profissionais de alimentação: as cozinhas pedagógicas, em que o projeto deve estar implantado de forma a permitir, além da interação do aluno com a estrutura, a visualização do professor, nas aulas práticas, por parte de todos. Esse fato se deve à grande exposição na mídia de chefes famosos e à instalação, no país, das grandes redes hoteleiras internacionais, com a consequente profissionalização no setor de turismo.

Na França, uma nova profissão acaba de ser consolidada: a de estilista em imaginário alimentar. Um profissional dedicado a imaginar todos os alimentos que não existem e com os quais podemos sonhar, criando novos protótipos e combinações, ampliando e reinventando, assim, os hábitos alimentares.

Os protótipos de alimentos criados beiram o maravilhoso, pelo arrojo das ideias, pela curiosidade das soluções encontradas e cuidado na construção visual, que faz com que os produtos ganhem formas e cores como se fossem verdadeiras obras de arte.

A empresa Enviance, criada para ser o primeiro "escritório de estilos alimentares", propõe, por exemplo, a condensação de alimentos em páginas de cores variadas, que formariam um livro de sabores. Poderiam ser "folhas" de frutas, de sorvetes, de temperos ou de presuntos variados. As crianças levariam o livro à escola e poderiam destacar as folhas para compor os sanduíches.

Outra coleção pretende inventar cápsulas transparentes que poderiam conter saladas de vários tipos. Para comê-las, bastaria romper na boca a membrana natural que as envolveria. Outro projeto recriaria as frutas e os vegetais para as crianças, transformando-os em brinquedos.

O "estilismo em imaginário alimentar" é uma atividade que evoca conhecimentos de *design*, arquitetura, fotografia e artes plásticas, além, é claro, de alimentação.

O futuro imaginado pela ficção científica que previa que nos alimentaríamos de pequenos comprimidos não vingou. Segundo Edouard Malbois (*apud* Leite Neto, 2002), "era uma concepção puritana, ligada à ideia de que deveríamos economizar tempo com a alimentação para sermos mais produtivos".

Os seres humanos, ao contrário, se interessam cada vez mais pela diversificação alimentar, por sabores variados e exóticos, pelas formas inspiradas dos pratos e pela preservação da origem natural dos alimentos. Diante disso, para Malbois (*ibidem*) "a ideia é encontrar soluções alimentares que prolonguem, e não contradigam, a natureza, e propor essa mesma natureza em formatos e emoções novos, ao mesmo tempo ocasionando mudanças nos hábitos alimentares".

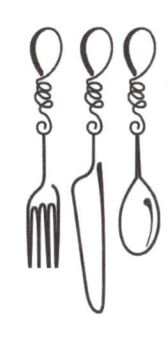

Instalações
dos cursos de gastronomia do
Centro Universitário Senac –
Campus Santo Amaro

FOTO 20: PRÉDIO DOS CURSOS DE GASTRONOMIA.
Foto: Claudio Wakahara.

FOTO 21: RESTAURANTE PEDAGÓGICO.
Foto: Claudio Wakahara.

FOTO 22: SALA DE DEMONSTRAÇÃO.
Foto: Claudio Wakahara.

FOTO 23: COZINHA PEDAGÓGICA.
Foto: Claudio Wakahara.

FOTO 24: COZINHA PEDAGÓGICA.
Foto: Claudio Wakahara.

FOTO 25: CONFEITARIA/PADARIA.
Foto: Claudio Wakahara.

FOTO 26: COZINHA DE FINALIZAÇÃO DO RESTAURANTE PEDAGÓGICO.
Foto: Claudio Wakahara.

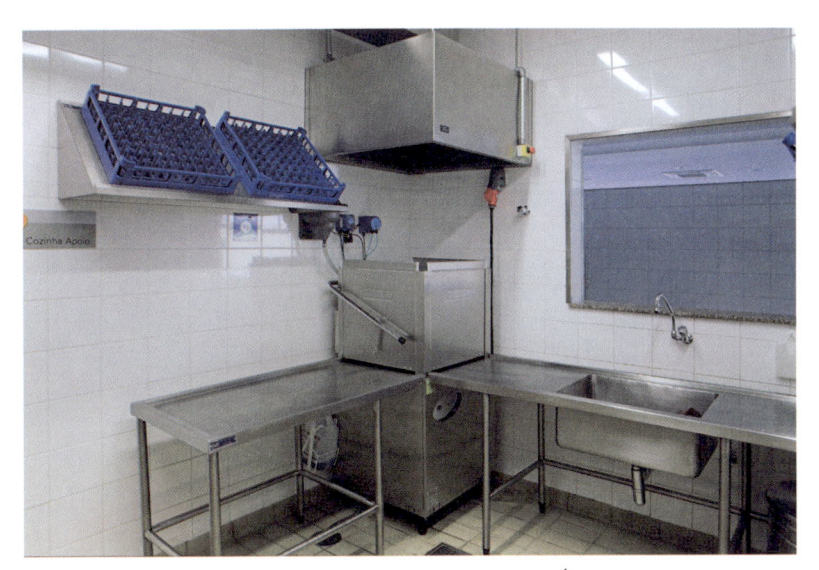

FOTO 27: COPA DE LAVAGEM DO RESTAURANTE PEDAGÓGICO.
Foto: Claudio Wakahara.

Considerações finais

Os serviços profissionais de alimentação estabelecem-se como uma extensão do lar, quer seja para as refeições feitas durante o período de trabalho nas empresas, quer seja para alimentar na escola os filhos de casais que trabalham, ou como extensão do lazer.

Esses fatos geraram grandes demandas por serviços de alimentação e a consequente necessidade de se contar com planejamentos efetivos para as áreas a eles destinadas, pois somente a contratação de profissionais que tenham profundos conhecimentos no assunto pode assegurar o correto funcionamento desses estabelecimentos. Para tanto, eles devem levar em conta diversos fatores em seus projetos, buscando coerência e compatibilidade com a realidade atual.

Assim, no momento do projeto verificou-se que era fundamental seguir as orientações de conforto ambiental, fluxos de trabalho, dimensionamento correto das áreas, legislações vigentes, etc.

O conhecimento detalhado de equipamentos, dimensionamento, funções e usos é de vital importância para que o ambiente projetado possa também ser funcional em relação aos equipamentos.

Cada serviço profissional de alimentação possui características peculiares ao seu funcionamento. Por exemplo, serviços destinados a instituições possuem objetivos e metas diferentes dos serviços comerciais, porém a preocupação com a segurança alimentar, relativa à prevenção de infecções alimentares, é uma constante para todos eles.

Com a globalização e a abertura do mercado brasileiro aos mercados internacionais, os equipamentos para serviços profissionais de alimentação experimentaram um grande desenvolvimento e os projetos puderam, então, adotar uma tecnologia mais avançada.

Os espaços internos das cozinhas começaram a diminuir com o uso mais intenso de produtos pré-processados, em detrimento da área de distribuição, que tem seu tamanho aumentado, a fim de oferecer múltiplas opções de cardápios aos clientes.

O item segurança alimentar passou a ser objeto de intensas pesquisas internacionais, e as legislações em torno do assunto se intensificaram para garantir uma alimentação livre de contaminações bacteriológicas, sendo o projeto um importante fator para o sucesso dos controles.

A aplicação de novas técnicas de armazenagem, preparo, cocção e distribuição dos alimentos, como o sistema *cook chill* e *cook freeze*, integrou-se às buscas pela diminuição dos riscos de infecções alimentares nas populações.

A tecnologia de novos equipamentos vem proporcionando *layouts* com melhor aproveitamento das áreas de trabalho e maior mobilidade para reformas e mudanças, que são uma constante na vida contemporânea.

A melhoria da saúde do trabalhador por meio de estudos ergonômicos do espaço e de equipamentos constitui uma importante ferramenta das empresas atuais, que aplicam políticas precisas relacionadas à mão de obra, reduzindo custos e aumentando a satisfação dos clientes.

Deve-se considerar também que o meio ambiente e os aspectos de sustentabilidade têm um papel importante em relação aos serviços profissionais de alimentação. A conservação de energia, o reúso da água, o destino final do lixo, que já contam com várias aplicações dentro das cozinhas profissionais, entre outros fatores, constituem atitudes de cidadania.

As políticas de inclusão social voltadas às pessoas com deficiência são tão importantes quanto as práticas de preservação ambiental, devendo ser priorizadas em todas as empresas.

Finalmente, mais do que simplesmente locar os equipamentos em uma planta de arquitetura, o projeto para serviços profissionais de alimentação deve abranger estudos cuidadosos que envolvam diversos parâmetros, como: local onde será implantado o serviço, cardápio que será servido, população que se pretende atender e tipo de serviço que será oferecido. Tudo deverá ser amplamente pensado, pois influenciará diretamente na produção e na funcionalidade do espaço a ser projetado.

A localização das áreas internas, proporcionando fluxos bem definidos e sem cruzamentos, a adequação com a legislação, a preocupação com o conforto ambiental e o dimensionamento correto dos equipamentos aliados à preservação do meio ambiente, certamente farão com que o projeto atenda com sucesso a todos os pontos necessários.

Portanto, uma tarefa muitas vezes aparentemente simples, como a de projetar um serviço profissional de alimentação, deve sempre ser confiada a uma equipe multidisciplinar, que saberá cuidar de todos os recursos necessários, para que o projeto se torne correto dos pontos de vista espacial e funcional e para que esteja adequado a novas propostas de sustentabilidade, evitando que fique ultrapassado e desatualizado diante das evoluções constantes da área.

Apêndice

Projetos de cozinhas profissionais

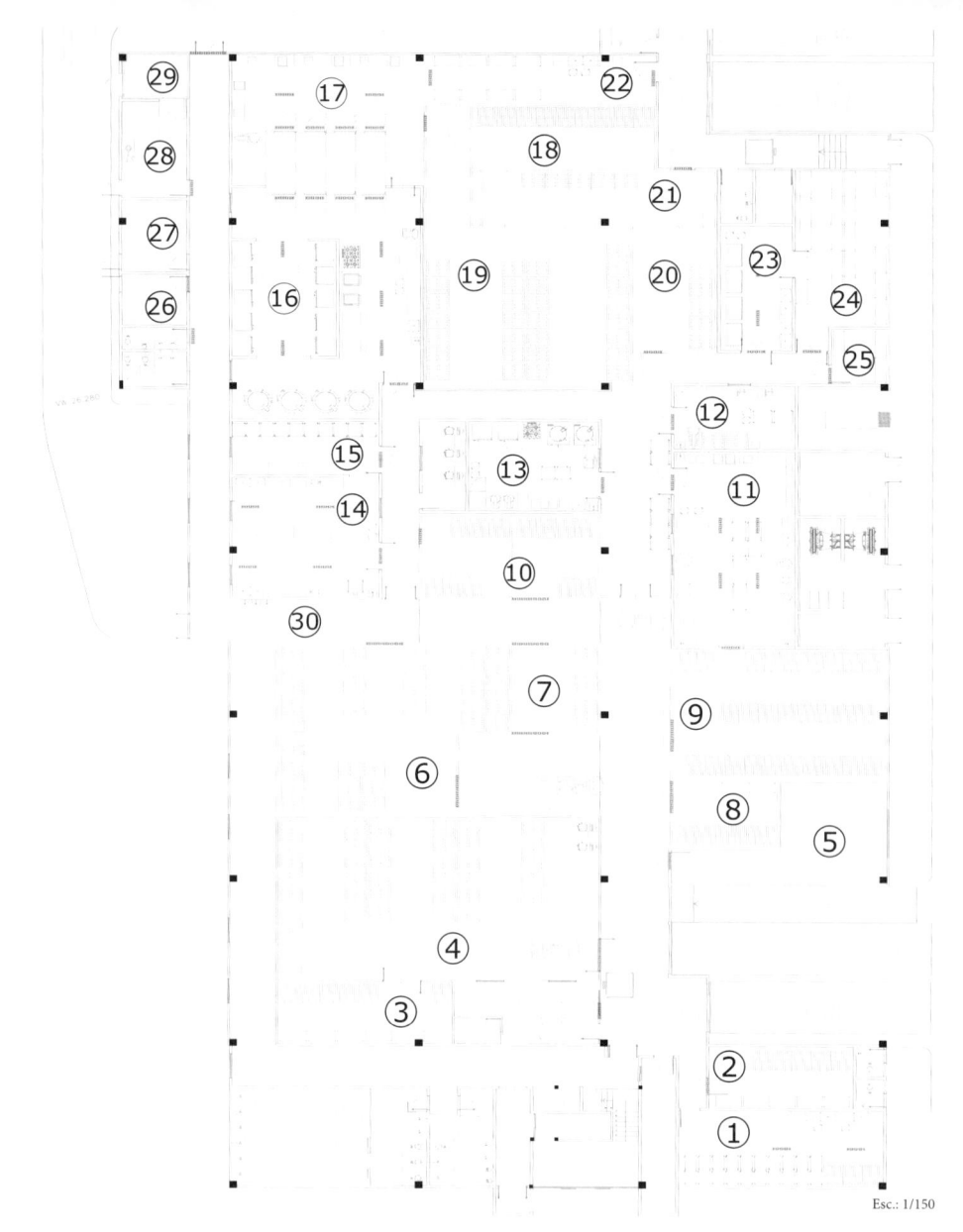

Esc.: 1/150

COZINHA CENTRAL DE DISTRIBUIÇÃO LOGÍSTICA

1. Higienização de monobloco
2. DML
3. Depósito de descartáveis
4. Depósito seco
5. Depósito de caixas
6. Câmara de proteínas – resfriada (–0 a 6 °C)
7. Câmara de proteínas – congelada (–18 a –12 °C)
8. Câmara de embutidos e laticínios – resfriada (–0 a 6 °C)
9. Câmara de hortifrúti – resfriada (–0 a 6 °C)
10. Câmara de descongelamento de proteínas – resfriada (–0 a 6 °C)
11. Preparo de hortifrúti
12. Produção de lanches
13. Confeitaria
14. Pré-preparo de carnes, aves e peixes
15. Montagem de carros

16. Sala de produção
17. Sala de envase
18. Câmara *cook freeze* – congelada (–18 a –12 °C)
19. Câmara *cook chill* – resfriada (–0 a 6 °C)
20. Câmara de hortifrúti e sobremesas – resfriada (–0 a 6 °C)
21. Câmara de expedição – resfriada (–0 a 6 °C)
22. Higienização de monobloco
23. Copa de higienização
24. Depósito de utensílios
25. DML diário
26. Depósito de lixo comum
27. Depósito de lixo reciclável
28. Depósito de lixo orgânico
29. Câmara de lixo orgânico
30. Circulação

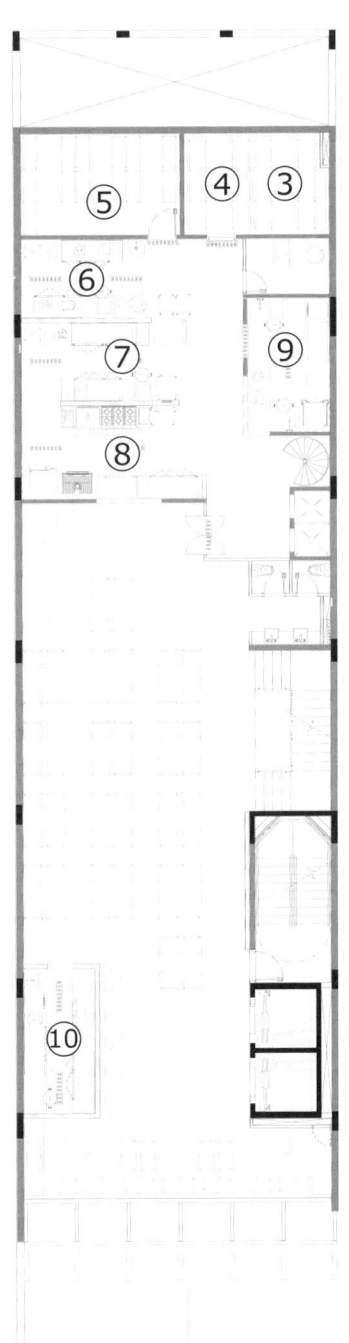

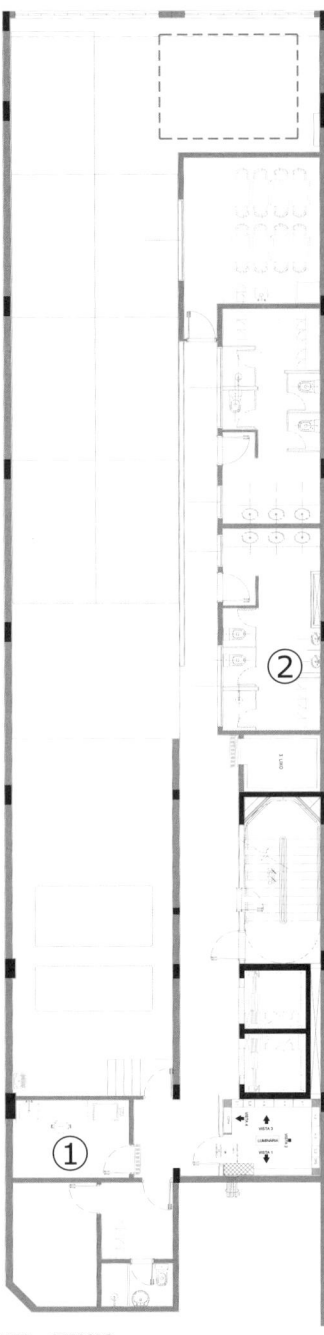

PLANTA – 3º PAVIMENTO
Esc.: 1/275

COZINHA RESTAURANTE

1. Recebimento e triagem
2. Lixo
3. Câmara congelada
4. Câmara refrigerada
5. Depósito seco

PLANTA – SUBSOLO
Esc.: 1/275

6. Pré-preparo 1
7. Pré-preparo 2
8. Cocção
9. Copa de lavagem
10. Bar

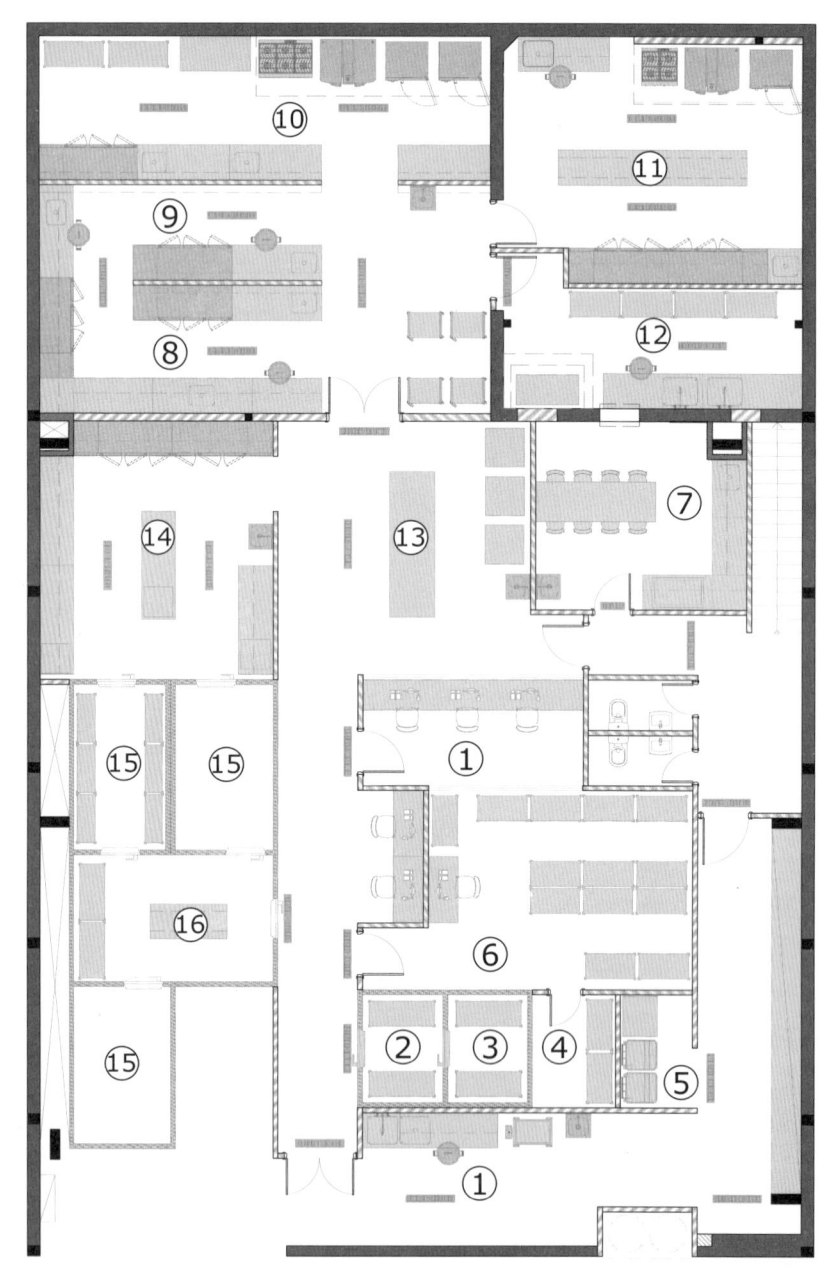

COZINHA CENTRAL DE REFEIÇÕES CONGELADAS

Esc.: 1/150

1. Recebimento e triagem
2. Câmara congelada
3. Câmara refrigerada
4. DML
5. Lixo
6. Estoque seco
7. Refeitório de funcionários
8. Pré-preparo 1

9. Pré-preparo 2
10. Cocção
11. Confeitaria
12. Copa de lavagem
13. Área de ultracongeladores
14. Área de porcionamento
15. Câmara congelada
16. Antecâmara

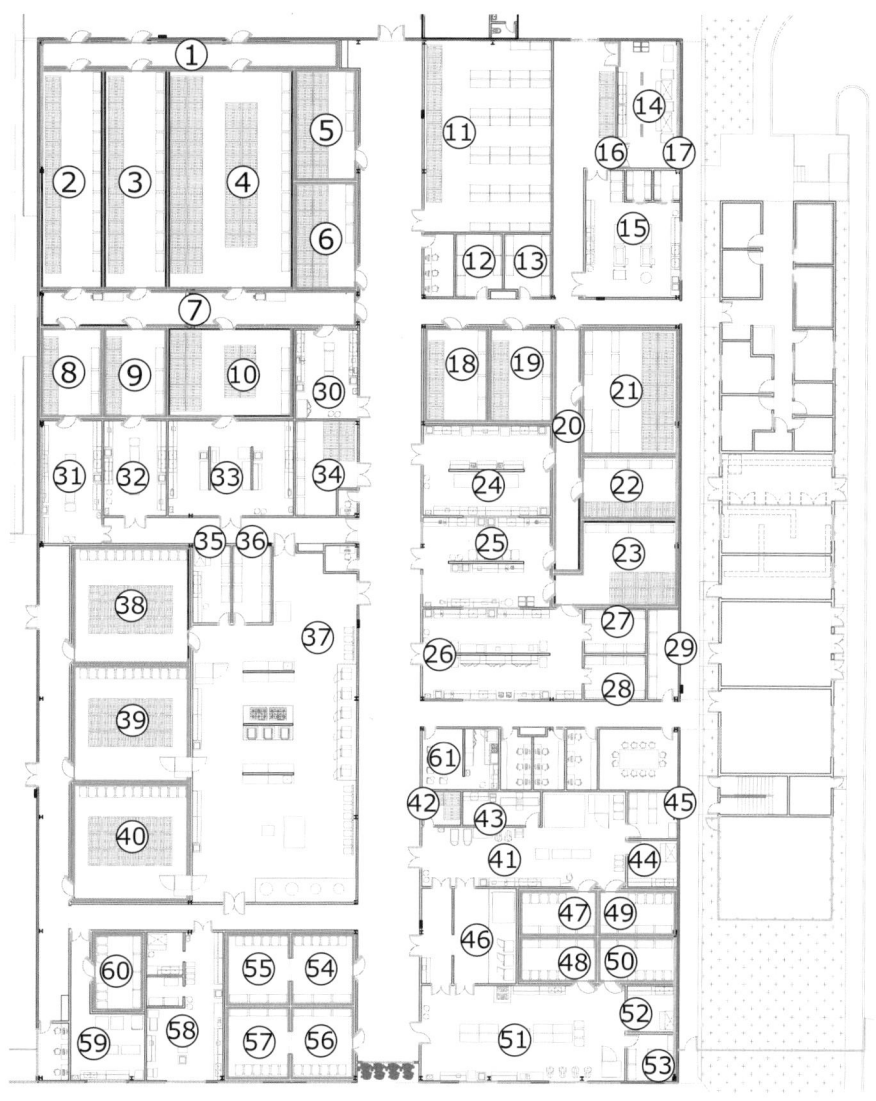

Esc.: 1/550

COZINHA CENTRAL COMPLEXO HOTELEIRO

1. Antecâmara de armazenamento
2. Câmara de congelados – peixes
3. Câmara de congelados – aves
4. Câmara de congelados – carnes
5. Câmara de resfriados – laticínios
6. Câmara de resfriados – embutidos
7. Antecâmara de descongelamento
8. Câmara de descongelamento – peixes
9. Câmara de descongelamento – aves
10. Câmara de descongelamento – carnes
11. Depósito seco
12. Depósito de limpeza
13. Depósito de descartáveis
14. Higienização de monoblocos
15. Higienização de hortifrúti
16. DML hortifrúti
17. Depósito de hortifrúti
18. Câmara de congelados
19. Câmara de resfriados – ovos
20. Antecâmara de hortifrúti
21. Câmara de resfriados – hortifrúti

22. Câmara de congelados
23. Câmara de resfriados
24. Água de coco/suco
25. Preparo de hortifrúti
26. Preparo de saladas/verduras/frutas/legumes
27. Embalagem
28. Copa
29. Sala de paramentação
30. Preparo de frios – laticínios
31. Preparo de peixes
32. Preparo de aves
33. Preparo de carnes
34. Depósito seco – operação
35. Copa suja – sala de produção
36. Copa limpa – sala de produção
37. Sala de produção
38. Câmara de *cook*
39. Câmara de *cook chill*
40. Câmara de *cook chill*
41. Padaria
42. Depósito de farinha

43. Folhados
44. Copa suja – padaria
45. Copa limpa – padaria
46. Fornos
47. Câmara de resfriados – padaria
48. Câmara de resfriados – confeitaria
49. Câmara de congelados – padaria
50. Câmara de congelados – confeitaria
51. Confeitaria
52. Copa suja – confeitaria
53. Copa limpa – padaria
54. Câmara de resfriados – salgados/padaria/confeitaria
55. Câmara de congelados – salgados/padaria/confeitaria
56. Câmara de resfriados – padaria/confeitaria
57. Câmara de congelados – padaria/confeitaria
58. Salgados
59. Fábrica de sorvetes
60. Câmara de congelados – sorvetes
61. Cozinha de desenvolvimento

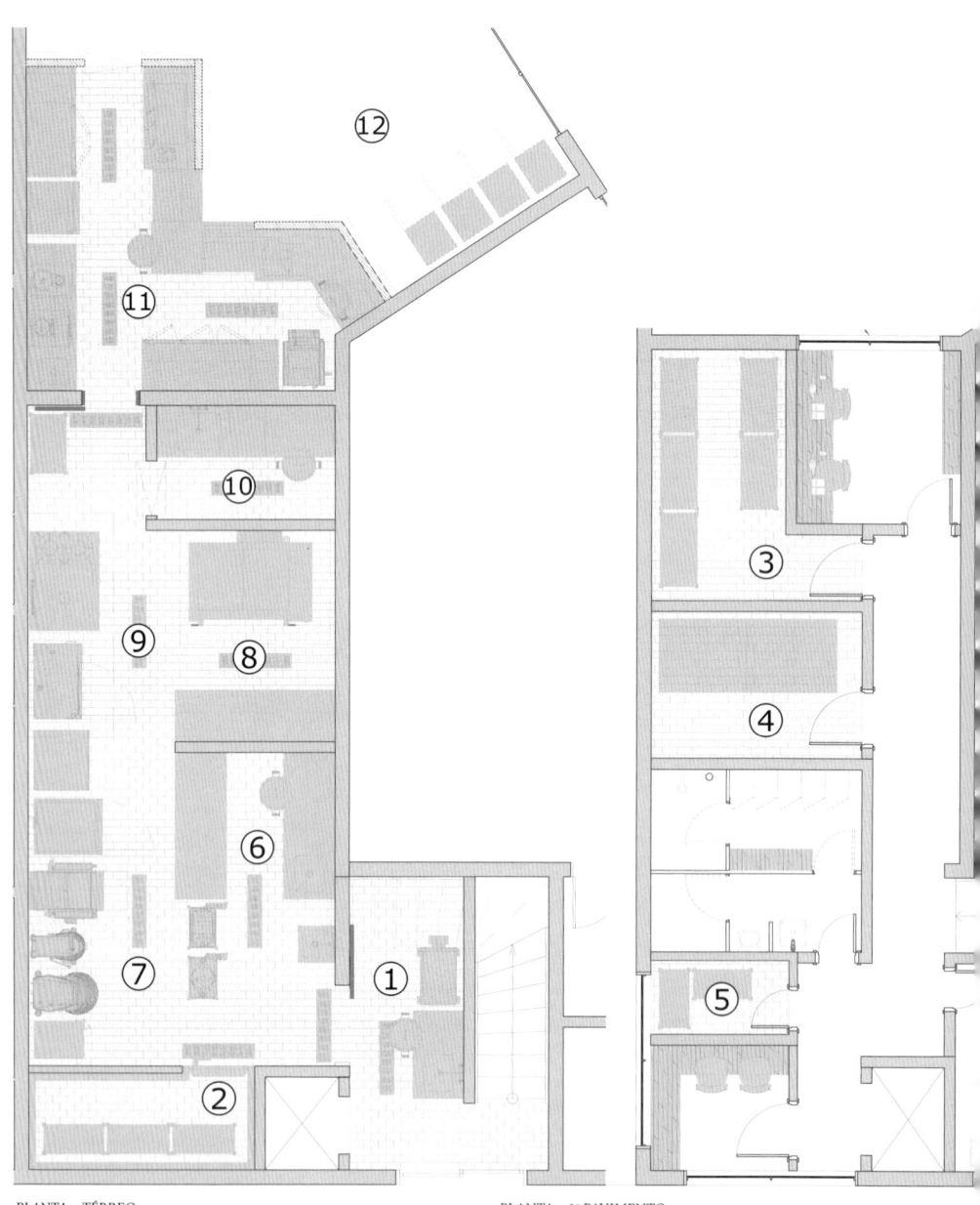

PLANTA – TÉRREO
Esc.: 1/100

PLANTA – 1º PAVIMENTO
Esc.: 1/100

COZINHA PADARIA ARTESANAL

1. Recebimento e triagem
2. Câmara refrigerada
3. Estoque seco
4. Estoque de sacarias
5. DML
6. Pré-preparo

7. Preparo de massas
8. Forneamento
9. Cocção
10. Copa de lavagem
11. Atendimento
12. Salão

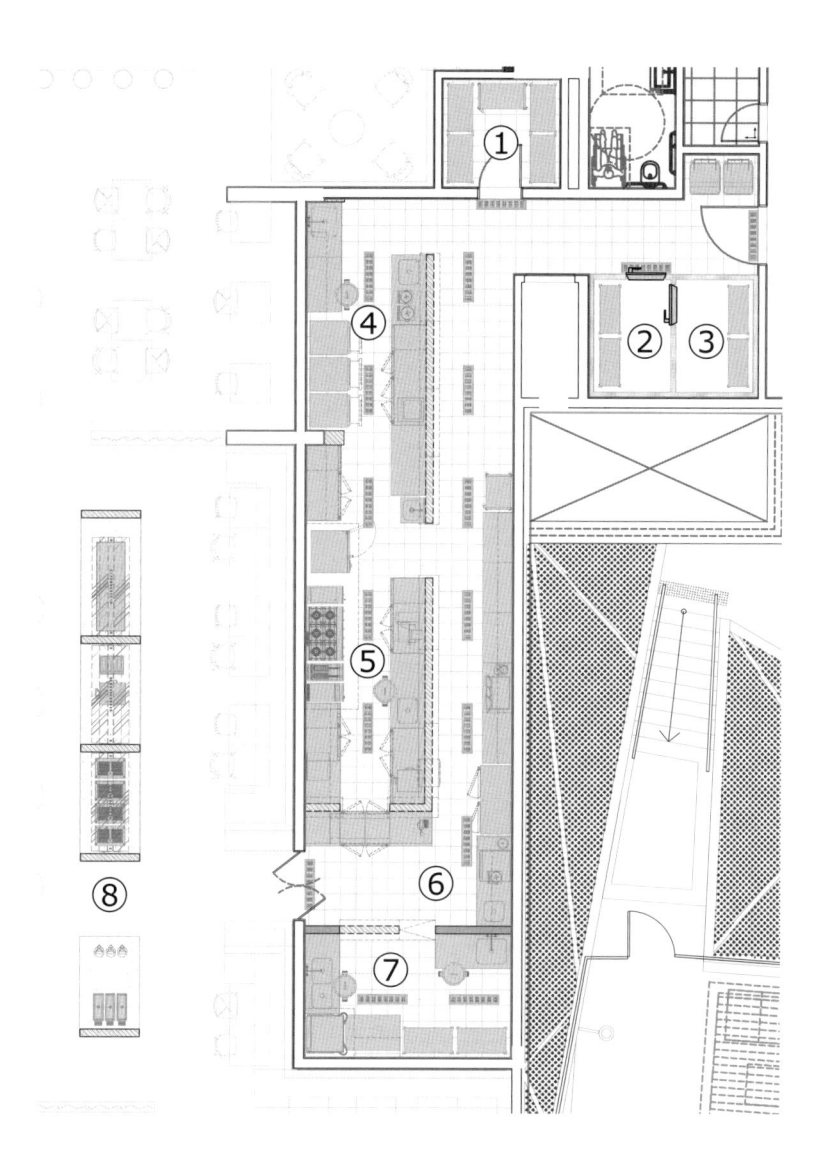

COZINHA HOTEL

Esc.: 1/150

1. Estoque seco
2. Câmara refrigerada
3. Câmara congelada
4. Pré-preparo
5. Cocção
6. *Hall* de garçons
7. Copa de lavagem
8. Distribuição

Bibliografia

ABREU, Edeli Simioni de; SPINELLI, Mônica Glória Neumann & ZANARDI, Ana Maria Pinto. *Gestão de unidades de alimentação: um modo de fazer*. 1ª ed. São Paulo: Metha, 2003.

AGÊNCIA NACIONAL DE VIGILÂNCIA SANITÁRIA. Brasília. Disponível em: http:// www.anvisa.gov.br. Acessado em 25-7-2013.

ALTHOFF, Gerd. "Comer compromete: refeições, banquetes e festas". Em FLANDRIN, Jean-Louis & MONTANARI, Massimo. *História da alimentação*. São Paulo: Estação Liberdade, 1998.

AMOURETTI, Marie-Claire. "Cidades e campos gregos". Em FLANDRIN, Jean-Louis & MONTANARI, Massimo. *História da alimentação*. São Paulo: Estação Liberdade, 1998.

ANDRADE, Nelson; BRITO, Paulo Lúcio & JORGE, Wilson Edson. *Hotel: planejamento e projeto*. 8ª ed. São Paulo: Editora Senac São Paulo, 2005.

ARMESTO, Felipe Fernandez. "Ruínas do micro-ondas". Em *Folha de S.Paulo*, São Paulo, 20-7-2002. Caderno Mais!

ASSOCIAÇÃO BRASILEIRA DAS EMPRESAS DE REFEIÇÕES COLETIVAS. *Manual ABERC de práticas de elaboração e serviço de refeições para coletividades*. 8ª ed. São Paulo: ABERC, 2003.

ASSOCIAÇÃO BRASILEIRA DE NORMAS TÉCNICAS. Rio de Janeiro. Disponível em: http:// www.abnt.org. br. Acessado em 25-7-2013.

BARABAN, Regina S. & DUROCHER, Joseph F. *Successful Restaurant Design*. 2ª ed. Nova York: John Wiley & Sons, 2001.

BASTOS, Giuliana. "Cozinhas-vitrine servem de palco para chefs e pratos". Em *Folha de S.Paulo*, São Paulo, 25-9-2003.

BIANCO, Nilva. "Aulas de sabor". Em *Revista Gourmet & Food Service*, nº 2. São Paulo, setembro de 1999.

BIRCHFIELD, John C. & SPARROWE, Raymond T. *Design and Layout of Foodservice Facilities*. 2ª ed. New Jersey: John Wiley & Sons, 2003.

BOLAFFI, Gabriel. "Palavras estranhas, temperos trocados". Em *Folha de S.Paulo*, São Paulo, 20-10-2002. Caderno Mais!

BOLAFFI, Gabriel. *A saga da comida*. Rio de Janeiro: Record, 2000.

BRESCIANI, Edda. "Alimentos e bebidas do Antigo Egito". Em FLANDRIN, Jean-Louis & MONTANARI, Massimo. *História da alimentação*. São Paulo: Estação Liberdade, 1998.

BRILLAT-SAVARIN, Anthelme. *A fisiologia do gosto*. São Paulo: Companhia das Letras, 1995. [1780]

CARNEIRO, Henrique. *Comida e sociedade: uma história da alimentação*. Rio de Janeiro: Campus, 2003.

CASCUDO, Luiz da Câmara. *História da alimentação no Brasil*. Vol. 2. São Paulo: Companhia Editora Nacional, 1968.

CASOTTI, Letícia. *À mesa com a família: um estudo do comportamento do consumidor de alimentos*. Rio de Janeiro: Mauad, 2002.

CORBIER, Mireille. "A fava e a moreia: hierarquia social dos alimentos em Roma". Em FLANDRIN, Jean-Louis & MONTANARI, Massimo. *História da alimentação*. São Paulo: Estação Liberdade, 1998.

CRUZ, Carla & RIBEIRO, Uirá. *Metodologia científica: teoria e prática*. Rio de Janeiro: Axcel Books, 2003.

DA VINCI, Leonardo. *Os cadernos de cozinha de Leonardo da Vinci – Codex Romanoff*. Rio de Janeiro: Record, 2002.

DARTFORD, J. *Comedores*. México: Gustavo Gili, 1992.

DICIONÁRIO VISUAL JORNAL DA TARDE. *Universo, dinossauros, antigas civilizações, pré-história*. São Paulo: Publicaciones, 1995.

DOLADER, Miguel Angel Motis. "A alimentação judia na Idade Média". Em FLANDRIN, Jean-Louis & MONTANARI, Massimo. *História da alimentação*. São Paulo: Estação Liberdade, 1998.

DUPONT, Florence. "Gramática da alimentação e das refeições romanas". Em FLANDRIN, Jean-Louis & MONTANARI, Massimo. *História da alimentação*. São Paulo: Estação Liberdade, 1998.

ECO, Umberto. *Como se faz uma tese*. São Paulo: Perspectiva, 1993.

ENGEFOOD. "Linha cozinha industrial: catálogo de equipamentos para serviços de alimentação". São Paulo, 2007. Disponível em: www.engefood.com.br. Acessado em 25-7-2013.

FENGLER, Max. *Restaurantes, cafés, cantinas*. Barcelona: Blume,1970.

FERREIRA, Aurélio Buarque de Holanda. *Novo dicionário Aurélio*. Rio de Janeiro: Nova Fronteira, 1995.

FISCHLER, Claude. "A 'McDonaldização' dos costumes". Em FLANDRIN, Jean-Louis & MONTANARI, Massimo. *História da alimentação*. São Paulo: Estação Liberdade, 1998.

_____ & DORF, Martin E. *Restaurants that Work: Case Studies of the Best in the Industry*. Nova York: Whitney, 1992.

FLANDRIN, Jean-Louis & MONTANARI, Massimo. *História da alimentação*. São Paulo: Estação Liberdade, 1998.

FRANCO, Ariovaldo. *De caçador a gourmet: uma história da gastronomia*. São Paulo: Editora Senac São Paulo, 2001.

FRANCO, Sônia. "Projetos e equipamentos". Em Mercado *foodservice*. Fórum Alimentação no 3º milênio. Em revista *Nutrinews*, São Paulo, 1999.

FREYRE, Gilberto. *Sobrados e mocambos*. Rio de Janeiro: José Olympio, 1965.

GELLI, Dilma Scala. "APPCC (HACCP): Análise de Perigos e Pontos Críticos de Controle". Em SILVA JÚNIOR, Enio A. *Manual de controle higiênico-sanitário em alimentos*. São Paulo: Varela, 2002.

GIAMMELLARO, Antonella Sapnò. "Os fenícios e os cartagineses". Em FLANDRIN, Jean-Louis & MONTANARI, Massimo. *História da alimentação*. São Paulo: Estação Liberdade, 1998.

GIEDION, Sigfried. *La mecanización toma el mando*. Barcelona: Gustavo Gili, 1978.

GOURMET E FOOD SERVICE. São Paulo: Grupo Brasil, nº 2, setembro de 1999.

GRANDE ENCICLOPÉDIA LAROUSSE CULTURAL. São Paulo: Gráfica Círculo, 1995.

GREY, Johnny. *The Art of Kitchen Design*. Nova York: Cassell, 2002.

GRIECO, Allen F. "Alimentação e classes sociais no fim da Idade Média e Renascença". Em FLANDRIN, Jean-Louis & MONTANARI, Massimo. *História da alimentação*. São Paulo: Estação Liberdade, 1998.

HOLANDA, Sérgio Buarque. *Raízes do Brasil*. 26ª ed. São Paulo: Companhia das Letras, 2002.

JOANNÈS, Francis. "A função social do banquete nas primeiras civilizações". Em FLANDRIN, Jean-Louis & MONTANARI, Massimo. *História da alimentação*. São Paulo: Estação Liberdade, 1998.

JONES, Peter & KIPPS, Michael. *Flight Catering*. Londres: Longman Scientific and Technical, 1995. Disponível em: http://www.ifcanet.com/book/default.htm. Acessado em 25-7-2013.

KATSIGRIS, Costas & THOMAS, Chris. *Design and Equipment for Restaurants and Foodservice*. Nova York: John Wiley & Sons, 1999.

KAZARIAN, Edward A. *Foodservice Facilities Planning*. Nova York: John Wiley & Sons, 1989.

KINTON, Ronald; CESERANI, Victor & FOSKETT, David. *Enciclopédia de serviços de alimentação*. São Paulo: Varela, 1999.

KOPP, Anatole. *Quando o moderno não era um estilo e sim uma causa*. São Paulo: Edusp/Nobel, 1990.

LAWSON, Fred. *Catering: diseño de establecimientos alimentarios*. Barcelona: Blume,1978.

LEAL, Maria Leonor de Macedo Soares. *A história da gastronomia*. Rio de Janeiro: Editora Senac Rio, 2003.

LEITE NETO, Alcino. "Os mil e um sabores da criação". Em *Folha de S.Paulo*, São Paulo, 26-11-2002. Caderno Sinapse.

LEMOS, Carlos A. C. *Cozinhas, etc.: um estudo sobre as zonas de serviço da casa paulista*. São Paulo: Perspectiva,1978.

LEMOS, Jorgete Leite. Em Qualidade de vida: Fórum Alimentação no 3º milênio. Em revista *Nutrinews*, São Paulo, novembro de 1999. Disponível em: http://www.nutrinews.com.br/edicoes/9911/mat01.html. Acessado em 12-1-2004.

LÉVI-STRAUSS, Claude. *O cru e o cozido*. São Paulo: Brasiliense, 1991.

LIMA, Claudia. *Tachos e panelas: historiografia da alimentação brasileira*. Recife: Comunicarte, 1999.

MADEIRA, Márcia & FERRÃO, Maria Eliza Marti. *Alimentos conforme a lei*. São Paulo: Manole, 2002.

MARANHÃO, Ricardo. "Passado reconta o cotidiano de São Paulo: comida". Em *Folha de S.Paulo*, São Paulo, 28-11-2003. Especial 450 anos.

MARCHEZETTI, Maristela A. "Aspectos físicos do serviço de alimentação". Em SILVA JÚNIOR, Enio Alves da. *Manual de controle higiênico-sanitário em alimentos*. São Paulo: Varela, 2002.

MARCHIORI, Eduardo. "Hotel cinco estrelas. Qualidade e requinte na medida certa". Em revista *Nutrinews*, nº 185, 2002.

MARICATO, Percival. *Como montar e administrar bares e restaurantes*. 4ª ed. São Paulo: Editora Senac São Paulo, 2002.

MELO, Josimar. "Caldo inaugura a história do restaurante". Em *Folha de S.Paulo*, São Paulo, 24-9-2002. Caderno Sinapse.

MELTING. *Catálogo de coifas wash pull*. Disponível em: www.meltingnet. com.br. Acessado em 25-7-2013.

MEZOMO, Iracema de Barros. *Os serviços de alimentação: planejamento e administração*. São Paulo: Manole, 2002.

MONTANARO, Hugo (org.). *Casas internacionales: Bars & Restaurants*. Vol. 51. Buenos Aires: Kliczkowski, 1997.

MONTEIRO, Renata Zambon; CIANCIARDI, Glaucus & BRUNA, Gilda Collet. "*Flight Catering Design*: projeto para *catering* aéreo". Em Conferência Internacional 2003 – Aeroportos: planejamento, infraestrutura & meio ambiente. *Anais*. Rio de Janeiro: Associação Brasileira de Pavimentação, 2003.

MORSE, Richard M. *Formação histórica de São Paulo*. São Paulo: Difel, 1970.

NEUFERT, Ernest. *Arte de projetar em arquitetura*. São Paulo: Gustavo Gili, 1981.

NUTRINEWS: revista de nutrição. São Paulo: Nutrinews, nº 180.

ORNELLAS, Lieselotte Hoeschl. *A alimentação através dos tempos*. Florianópolis: UFSC, 2003.

ORNSTEIN, Sheila Walbe. *Avaliação pós-ocupação (APO) do ambiente construído*. São Paulo: Edusp, 1992.

_____. *Desempenho do ambiente construído, interdisciplinaridade e arquitetura*. São Paulo: FAU-USP, 1995.

_____; BRUNA, Gilda Collet & ROMÉRO, Marcelo. *Ambiente construído & comportamento*. São Paulo: Studio Nobel/Fupam, 1995.

PANTEL, Pauline Schmitt. "As refeições gregas, um ritual cívico". Em FLANDRIN, Jean-Louis & MONTANARI, Massimo. *História da alimentação*. São Paulo: Estação Liberdade, 1998.

_____ & ORRIEUX, Claude. *A History of Ancient Greece*. Hoboken: Wiley-Blackwell, 1999.

PATRÍCIO, Renato. "Mais segurança e maior produtividade nas copas de lavagem". Em revista *Nutrinews*, nº195, São Paulo, nov.-jan. de 2003.

PEDROCCO, Giorgio. "A indústria alimentar e as novas técnicas de conservação". Em FLANDRIN, Jean-Louis & MONTANARI, Massimo. *História da alimentação*. São Paulo: Estação Liberdade, 1998.

PEGLER, Martin M. *Food: Presentation & Display*. Nova York: Retail Reporting Corporation, 1991.

PEREIRA, Paulo & CARNEIRO, José Martins. *O palácio da pena*. Londres: Scala, 2002.

PERLÈS, Catherine Perlès. "As estratégias alimentares nos tempos pré--históricos". Em FLANDRIN, Jean-Louis & MONTANARI, Massimo. *História da alimentação*. São Paulo: Estação Liberdade, 1998.

PIPONNIER, Françoise. "Do fogo à mesa: arqueologia do equipamento culinário no fim da Idade Média". Em FLANDRIN, Jean-Louis & MONTANARI, Massimo. *História da alimentação*. São Paulo: Estação Liberdade, 1998.

PITTE, Jean-Robert. "Nascimento e expansão dos restaurantes". Em FLANDRIN, Jean-Louis & MONTANARI, Massimo. *História da alimentação*. São Paulo: Estação Liberdade, 1998.

PLATÃO. *O banquete ou Do amor*. Rio de Janeiro: Difel, 2002.

PREFEITURA DO MUNICÍPIO DE SÃO PAULO. Portaria nº 1.210/2006. Disponível em: www.prefeitura.sp.gov.br. Acessado em 25-7-2013.

PROJETO E DESIGN: revista de projetos de arquitetura e urbanismo. São Paulo: Projeto.

QUEIRÓZ, Maria de Fátima Ferreira & SIQUEIRA, Adriana Rodrigues. "Ergonomia: uma questão de organização". Em revista *Nutrinews*, São Paulo, out.-nov. de 1999.

RAMIN JÚNIOR, Alberto. "Refeições coletivas: o que esperar". Em Mercado *foodservice*: Fórum Alimentação no 3º milênio. Em revista *Nutrinews*, São Paulo, 1999.

REVEL, Jean-François. *Um banquete de palavras*. São Paulo: Companhia das Letras, 1996.

RIBEIRO, Denis. "*Foodservice* um mercado em crescimento". Em Mercado *foodservice*: Fórum alimentação no 3º milênio. Em revista *Nutrinews*, São Paulo, 1999.

RIERA-MELIS, Antoni. "Sociedade feudal e alimentação (séculos XII-XIII)". Em FLANDRIN, Jean-Louis & MONTANARI, Massimo. *História da alimentação*. São Paulo: Estação Liberdade, 1998.

ROMAGNOLI, Daniela. "Guarda no *sii vilan*: as boas maneiras à mesa". Em FLANDRIN, Jean-Louis & MONTANARI, Massimo. *História da alimentação*. São Paulo: Estação Liberdade, 1998.

ROMERO, Thiago André. "Ergonomia: entendendo o trabalho para modificá--lo". Em *Cozinha Profissional*, nº 79. São Paulo, out.-nov. de 2003.

ROSENBERGER, Bernard. "A cozinha árabe e sua contribuição à cozinha europeia". Em FLANDRIN, Jean-Louis & MONTANARI, Massimo. *História da alimentação*. São Paulo: Estação Liberdade, 1998.

SÃO RAFAEL. *Catálogo câmaras frigoríficas*. Disponível em: www.saorafael.com.br. Acessado em 25-7-2013.

SASSATELLI, Giuseppe. "A alimentação dos etruscos". Em FLANDRIN, Jean-Louis & MONTANARI, Massimo. *História da alimentação*. São Paulo: Estação Liberdade, 1998.

SECRETARIA DO ESTADO DA SAÚDE DE SÃO PAULO. *Código Sanitário do Estado de São Paulo*. 4ª ed. São Paulo: Edipro, 2001.

SHOWALTER, Elisabeth. "Na cozinha com Derrida". Em *Folha de S.Paulo*, São Paulo, 20-10-2002. Caderno Mais!

SILVA, Enos Arneiro Nogueira da. *Cozinha industrial: um projeto complexo*. Tese de doutorado em arquitetura e urbanismo. São Paulo: Faculdade de Arquitetura e Urbanismo da Universidade de São Paulo, 1998.

SILVA FILHO, Antônio Romão A. da. *Manual básico para planejamento de restaurantes e cozinhas industriais*. São Paulo: Varela, 1996.

SILVA JÚNIOR, Enio Alves da. *Manual de controle higiênico-sanitário em alimentos*. São Paulo: Varela, 2002.

SOUZA, Shirley Madlener de. "Qualidade e segurança alimentar em *catering* aéreo baseado no sistema APPCC (HACCP)". Em SILVA JÚNIOR, Enio Alves da. *Manual de controle higiênico-sanitário em alimentos*. São Paulo: Varela, 2002.

SPANG, Rebecca L. *A invenção do restaurante: Paris e a moderna cultura gastronômica*. Rio de Janeiro: Record, 2003.

SQUARISI, Dad. *Dicas da Dad: português com humor*. São Paulo: Contexto, 2003.

TEIXEIRA, Suzana *et al. Administração aplicada às unidades de alimentação e nutrição*. São Paulo: Atheneu, 2003.

VALENTIM, Volnei. "Novas tecnologias otimizam o setor". Em *Revista Cozinha Industrial*, nº 78, São Paulo, ago.-set. de 2003.

VEGLO, Diana & BIRGIN, Andrea. *Casas & restaurants*. Vol. 53. Buenos Aires: Kliczkowski, 1998.

VERROUST, Marie-Laure. *Cuisines et cuisiniers: de l'Antiquité à nos jours*. Paris: La Martinière, 1999.

VIDAL, Mário César R. *Ergonomia na empresa: útil, prática e aplicada*. Rio de Janeiro: Virtual Científica, 2001.

WALKER, John R. *Introdução à hospitalidade*. São Paulo: Manole, 2002.

ZUKOWSKY, John (org.). *Building for Air Travel: Architecture and Design for Commercial Aviation*. Chicago: Prestel, 1996.